Vous avez déjà vécu

Avez-vous déjà visité des endroits où vous n'étiez jamais allé auparavant et été submergé par une impression de déjà-vu ? Avez-vous une peur irrationnelle que vous n'arrivez pas à expliquer ? Vous demandez-vous si vous avez une âme sœur, et s'il ne vous sera jamais donné de la rencontrer ?

Bien que notre culture occidentale moderne ne soit pas encore prête à accepter l'idée de la réincarnation, il est fort probable que les peurs irrationnelles, les étranges impressions de déjà-vu ou la fascination pour un temps et un lieu depuis longtemps révolus soient reliées à des événements survenus dans une vie antérieure. Les souvenirs de vies passées sont peut-être la clé qui vous permettra de découvrir les motivations et les peurs secrètes qui pourraient vous empêcher de progresser dans votre vie actuelle.

Le populaire auteur métaphysique et hypnothérapeute Richard Webster a réalisé des régressions dans les vies antérieures pour des centaines de personnes. Il a d'abord vu les effets dramatiques que les événements et traumatismes du passé peuvent avoir sur la vie actuelle des sujets. En se basant sur ses travaux, il a mis au point 12 méthodes destinées à ceux qui désirent accéder aux souvenirs de leurs vies passées. Chaque méthode présentée ici est accompagnée de cas types détaillés et d'exemples tirés de sa pratique privée.

En prenant connaissance de ce que vous avez vécu antérieurement, vous appréhenderez la vie et la mort sous un angle nouveau, et votre objectif de vie vous apparaîtra plus clairement.

Guide pratique des Souvenirs de vies antérieures

Douze méthodes éprouvées

Richard Webster

Traduit de l'anglais par
Laurette Therrien

ADA éditions

Éditeur : François Doucet
Traduction : Laurette Therrien
Révision linguistique : Féminin Pluriel
Correction d'épreuves : Carine Paradis, Nancy Coulombe, Isabelle Veillette
Design et montage de la couverture : Matthieu Fortin
Mise en page : Sébastien Michaud
Image de la page couverture : © iStockPhoto
ISBN 978-2-89565-808-5
Première impression : 2009
Dépôt légal : 2009
Bibliothèque et Archives nationales du Québec
Bibliothèque Nationale du Canada

Éditions AdA Inc.
1385, boul. Lionel-Boulet
Varennes, Québec, Canada, J3X 1P7
Téléphone : 450-929-0296
Télécopieur : 450-929-0220
www.ada-inc.com
info@ada-inc.com

Diffusion
Canada : Éditions AdA Inc.
France : D.G. Diffusion
Z.I. des Bogues
31750 Escalquens – France
Téléphone : 05-61-00-09-99
Suisse : Transat – 23.42.77.40
Belgique : D.G. Diffusion – 05-61-00-09-99

Imprimé au Canada

Participation de la SODEC.
Nous reconnaissons l'aide financière du gouvernement du Canada par l'entremise du Programme d'aide au développement de l'industrie de l'édition (PADIÉ) pour nos activités d'édition.
Gouvernement du Québec – Programme de crédit d'impôt pour l'édition de livres – Gestion SODEC.

Pour mon bon ami Blair Robertson, grand maître de l'hypnose au Canada

Table des matières

Introduction **11**

1 Vos nombreuses vies antérieures **17**
Pourquoi les gens ne se souviennent-ils pas de leurs vies antérieures? 26
Est-ce dangereux? 29
Pourquoi explorer nos vies antérieures? 30
Est-ce que tout le monde a une vie antérieure? 33
Qu'en est-il du déjà-vu? 34
Puis-je prouver qu'une vie antérieure a vraiment eu lieu? 36
Ai-je une âme sœur? 38

2 Se préparer **39**

3 Le karma **45**

4 Rêver de vies antérieures **51**
Analyser les résultats 57
Le rêve lucide 61
Le rêve conscient 64
Le rêve éveillé conscient 66
L'expérience de Joanna 68

5 Le lointain souvenir **71**
La technique du lointain souvenir 74
L'expérience de Kirsty 78

6 Régressions dans les vies antérieures **81**
La régression hypnotique 84
Conseils pratiques 92
L'expérience de Debbie 95

7 La divination de vos vies antérieures 101
La divination à l'aide d'un verre d'eau 102
La divination à l'aide d'un miroir 105
Comment fabriquer un miroir à divination 106
Comment choisir une boule de cristal 106
L'expérience de Melvin 108

8 La régression Tic-Tac 111
Le tic-tac de l'horloge : méthode un 112
Le tic-tac de l'horloge : méthode deux 114
L'expérience de Carl 115

9 Fascinations, aptitudes et intérêts 121
La méditation sur le talent 126
L'expérience de Judelle 129

10 Déceler les sources des vies antérieures 133
Les baguettes de sourcier 134
Les pendules 138
L'expérience de Denise 141

11 La méditation arc-en-ciel 143
La méditation arc-en-ciel 145
L'expérience de Jérémie 152

12 La méditation par l'imagination 155
La méditation par l'imagination 156
L'expérience de Maria 160

13 Explorer les archives akashiques 165
La méditation sur les archives akashiques 167
L'expérience de Conrad 171

14 La technique du ressenti **175**
La technique du ressenti 177
L'expérience de Jeanette 180

15 Avec l'aide de vos guides **185**
L'écriture automatique 186
La régression à l'aide du guide spirituel 190
L'expérience d'Hillary 192
La participation des guides spirituels dans la régression 195

Postface **197**

Notes **201**

Bibliographie et suggestions de lectures **205**

À propos de l'auteur **213**

Introduction

Le temps infini, sans commencement et sans fin, m'a été donné ; j'ai hérité de l'éternité et il m'a été accordé de vivre éternellement.
Livre des morts des anciens Égyptiens (c. 1450 av. J.-C.)

Cela doit faire au moins un quart de siècle, mais je m'en souviens comme si c'était hier. Ma cliente, une femme dans la force de l'âge, était allongée sur mon fauteuil tandis que je la faisais régresser jusqu'à son enfance, afin d'établir la raison sous-jacente à son problème de poids.

C'est la procédure normale avec ceux qui ont un problème d'obésité. Habituellement, on est capable de revenir sur ce qui a déclenché cette prise de poids régulière. Puis, dès que la personne comprend ce qui cause son problème et qu'elle arrive à s'en libérer, elle se met à perdre du poids, et ce, de façon durable.

Normalement, il s'agit d'un incident banal qui s'est produit une seule fois durant l'enfance ou l'adolescence. Invariablement, à ce moment-là, il s'agissait d'une situation douloureuse, et la conscience avait préféré l'occulter. En revenant sur l'incident et en l'examinant du point de vue de l'adulte, mes clients se rendent compte enfin qu'ils n'ont plus besoin de ce souvenir et que, par conséquent, ils n'ont plus besoin de traîner cet excès de poids. Ainsi cette technique est-elle extrêmement efficace.

« J'aimerais maintenant que vous reveniez sur la toute première situation qui a déclenché votre problème de poids, ai-je dit à ma cliente. Vous verrez que c'est facile à faire et vous resterez calme et détachée, peu importe dans quelle situation vous serez replongée. Maintenant, revenez en arrière, plus loin dans le temps et l'espace, jusqu'au tout premier incident ayant un lien avec les raisons qui vous amènent ici aujourd'hui. »

« J'y suis. » La voix de ma cliente était devenue plus profonde et, bien qu'elle ait été tranquillement étendue dans le fauteuil, son langage corporel avait légèrement changé.

« Où êtes-vous ? »

« Ils se battent. »

J'ai d'abord pensé que ses parents étaient en train de se quereller, mais la sagesse nous dicte de ne rien tenir pour acquis.

« Qui se bat ? » ai-je demandé.

« Tout le monde. Tous les grands. C'est bruyant, et il y a des flammes. Il y a des morts partout. »

Ce n'était pas une régression normale. La femme était trop jeune pour avoir vécu la Seconde Guerre mondiale, et je ne voyais pas de quel autre conflit elle avait pu être témoin.

« Où êtes-vous ? » ai-je demandé.

« À la maison. »

Le visage de la femme s'était renfrogné, et elle s'était mise à pleurer.

Je lui ai aussitôt dit de revenir et de regarder la scène avec détachement, comme si cela arrivait à quelqu'un d'autre.

« Ma maison a disparu, a-t-elle articulé entre deux sanglots. La rue, la ville, tout a disparu. Plus que les combats. Et puis, c'est le silence. Et il n'y a plus personne, rien que moi. »

« Dans quel pays êtes-vous ? », ai-je demandé, pensant toujours qu'elle parlait d'un événement qui s'était produit durant sa vie actuelle. Elle a hoché la tête en soupirant.

« En quelle année êtes-vous ? » ai-je poursuivi.

Mais une fois encore, je n'ai pas eu de réponse.

Peu à peu, elle avait cessé de pleurer et avait commencé à parler. Ses deux parents avaient été tués pendant un combat, et elle n'avait aucune idée de ce qui avait pu arriver à ses frères et sœurs. Sa ville avait été détruite, et elle ainsi que quelques individus réussissaient à survivre grâce aux restes de nourriture qu'ils pouvaient trouver. Le jour, la chaleur était insupportable, mais les nuits étaient froides. Ils avaient très vite manqué de nourriture, et elle était morte de faim.

Elle était calme quand je l'ai ramenée au présent. Elle ne semblait nullement étonnée d'être retournée dans une vie antérieure. Je donnais peut-être l'impression que cela se produisait à tout coup, mais c'était ma première expérience d'un tel phénomène.

Nous avons plutôt parlé de la situation qu'elle venait de dévoiler et de ce qui la reliait à son problème de poids actuel. Évidemment, puisqu'elle était morte de faim dans une vie antérieure, elle était inconsciemment déterminée à ce que cela ne se reproduise jamais, et elle mangeait tout ce qui se retrouvait dans son assiette. Quand elle en a pris conscience, elle a très vite perdu du poids, et son cas a été une excellente publicité pour ma pratique d'hypnothérapie.

C'est un exemple extrême. Normalement, quand je fais régresser quelqu'un jusqu'à son enfance, l'incident initial paraît insignifiant à des yeux adultes. Cela a pu être une remarque inconsidérée qui ne voulait absolument rien dire. Une de mes clientes a régressé jusqu'à un moment où, étant sortie avec son père, elle avait vu des prostituées qui portaient des vêtements aux couleurs criardes.

« Regarde les jolies dames », avait-elle dit.

Son père s'était retourné pour regarder et avait été horrifié de voir ces femmes. Il avait tiré sa fillette par le bras. « Ne les regarde pas », avait-il ordonné. La fillette en avait déduit que son père n'aimait pas les belles femmes et elle était devenue obèse dans le but de lui plaire. Naturellement, quand cet événement, depuis longtemps oublié, lui est revenu à la mémoire, ma cliente a compris pourquoi elle avait pris du poids et elle a été capable de le perdre pour de bon.

Au fil des ans, de nombreuses personnes sont spontanément revenues sur leurs vies passées alors qu'elles se trouvaient dans mon bureau. Cela a parfois été une expérience troublante, en particulier pour ceux qui n'avaient même jamais envisagé l'existence de vies antérieures. Mais c'est cette première régression spontanée qui m'a poussé à changer l'orientation de ma pratique de l'hypnothérapie et à devenir un spécialiste des vies antérieures. De toute façon, le sujet m'intéressait, car j'avais des souvenirs qui n'avaient rien à voir avec les expériences de ma vie actuelle. Le concept de la réincarnation m'avait toujours paru tout à fait logique.

J'ai vite découvert qu'il n'existait pas de méthode unique qui convenait à tout le monde. J'aime l'hypnose, mais j'ai fini par me rendre compte que tous ne partageaient pas mon enthousiasme. Les gens ont toutes sortes de craintes par rapport à l'hypnose. Ils pensent qu'ils pourraient perdre le contrôle de soi, dévoiler un secret inavouable ou faire une chose qu'ils ne feraient jamais en temps normal. Rien de tout cela ne peut arriver, mais si le sujet croit le contraire, on ne peut pas l'hypnotiser.

Et puis, ce n'est pas tout le monde qui peut régresser jusqu'à une vie antérieure. Il y a trois raisons à cela. Premièrement, la peur. Si une personne est terrifiée à l'idée de ce que l'hypnose pourrait lui faire vivre, ou si elle a des blocages religieux par rapport à la réincarnation, elle ne pourra pas se détendre suffisamment pour permettre aux souvenirs de vies antérieures de refaire surface. De plus, si la relation entre l'hypnotiseur et le sujet n'est pas bonne, ce dernier pourrait ne pas se détendre assez pour que cela se produise.

Deuxièmement, il est possible que la personne n'ait pas eu de vies antérieures. Dans ce cas, il s'agit d'une « nouvelle âme » qui n'est jamais venue sur terre. Je n'ai encore jamais rencontré quelqu'un qui en était à sa première incarnation. Je crois que toutes les âmes ont été créées au même moment, mais qu'elles se sont développées à des rythmes différents.

La dernière possibilité, c'est que les événements de la plus récente vie antérieure ont été tellement traumatisants que l'inconscient du sujet les a volontairement occultés et, par le fait même, a bloqué l'accès à toutes les vies qui ont précédé. Cela se produit surtout lorsque la personne a connu une mort horrible.

J'ai ainsi expérimenté plusieurs méthodes dans le but d'aider mes clients à retourner dans leurs vies antérieures. Il me fallait trouver différentes techniques que je pourrais utiliser avec ceux qui refuseraient d'être hypnotisés, ou qui, sous hypnose, ne se rappelleraient aucune vie antérieure. J'ai inclus ici les plus efficaces de ces méthodes. Nous sommes tous différents, et vous vous apercevrez que certaines des techniques expliquées dans ce livre vous conviennent mieux que d'autres. Lisez d'abord le livre d'une couverture à l'autre; vous déciderez ensuite quelles méthodes vous plaisent le plus. Il y a de bonnes chances que ce soit celles qui fonctionnent le mieux pour vous.

Si vous désirez retrouver des souvenirs depuis longtemps enfouis de vos vies antérieures, vous y arriverez en utilisant les techniques abordées dans ce livre.

1

Vos nombreuses vies antérieures

La naissance n'est pas un commencement; la mort n'est pas une fin.

Chuang Tzu (369?-286? av. J.-C.)

« L'été dernier, nous sommes allés camper, mon mari et moi. Nous n'avions jamais fait ce genre de voyage, et j'ai eu du mal à dormir à la belle étoile. C'était merveilleux d'être étendue en plein air, dans les bras de mon mari, mais aussitôt qu'il dormait, je restais éveillée pendant des heures, craignant d'être attaquée à tout moment. Au bout de trois jours, j'ai fini par m'endormir au milieu de la nuit et j'ai rêvé que j'étais un jeune Amérindien perdu dans le secteur où nous avions monté notre tente. Je ressentais la nervosité et la peur de ce jeune garçon qui luttait pour trouver de la nourriture et pour rentrer chez lui. Le soir venu, il se couchait sur la terre battue, tout comme moi maintenant, et il n'arrivait pas à dormir, car il était à l'affût de chaque son et de chaque mouvement. Il semblait croire qu'il était poursuivi et, tout le long du jour, il surveillait constamment ses arrières. Ainsi était sa vie, jour après jour. À la fin, n'en pouvant plus, il s'était mis à courir. Son pied avait buté contre la racine d'un arbre, il était tombé et s'était cassé une jambe. Il ne pouvait plus bouger et il restait étendu par terre en attendant la mort. Quand je me suis réveillée, j'étais en nage et mon cœur battait la chamade. Je suis persuadée que ce jeune garçon, c'était moi. C'était beaucoup trop net et réel pour être un rêve. »

« Toute ma vie, j'ai eu cette impression étrange, comme une prémonition, que quelque chose allait se produire. L'année dernière, j'ai visité Athènes pour la première fois et quand je suis allé au Parthénon, cette impression m'a totalement submergé. Je me suis effondré dans les marches en pleurant à chaudes larmes. Des gens se sont approchés et m'ont demandé s'ils pouvaient m'aider, mais je ne savais pas quoi leur répondre. Tout ce que je sais, c'est que j'avais déjà été là auparavant. Pas dans cette vie, mais dans une autre vie. Quelque chose de terrible m'était arrivé au Parthénon et ma visite en ce lieu avait libéré toutes ces émotions que j'avais déjà ressenties. Depuis ce jour, je suis totalement libéré de ces présages. Je ne suis pas sûr de vraiment vouloir savoir ce qui m'est arrivé durant cette vie antérieure. »

« Mes frères et sœurs ont appris à nager sans problème, mais l'eau m'a toujours terrifié. Cela rendait mon père furieux, car nous avions un bateau et nous passions nos vacances familiales sur l'océan ou au bord de la mer. Quand j'ai eu 13 ans, mes parents m'ont emmené voir un hypnotiseur parce que je me rongeais les ongles. Pendant que nous étions là, j'ai spontanément régressé dans une vie antérieure, sur une petite île du Pacifique. La vie était douce et on gagnait notre vie en pêchant. Un jour, nous revenions en hâte à la maison pour éviter la tempête, mais en vain. Je suis tombé par-dessus bord et, même si j'étais un très bon nageur, je me suis noyé. Je n'avais jamais pensé à la réincarnation auparavant. L'hypnotiseur m'a tout expliqué, mais je n'ai jamais rien dit à mes parents parce que cela me paraissait trop étrange. Le plus bizarre, c'est que celle qui était ma femme dans cette vie antérieure est ma mère aujourd'hui. J'en ai été bouleversé pendant des années. »

Vous êtes-vous jamais questionné sur vos vies passées ? C'est le cas pour bien des gens. Pour certains, cet intérêt leur vient d'un vague souvenir de quelque chose qui s'est produit dans le passé. Pour d'autres, c'est le désir d'en savoir davantage sur eux-mêmes : où ils ont été et où ils vont. Quelles que soient vos raisons, vous pouvez explorer vos propres vies antérieures avec succès.

Pendant des milliers d'années, les peuples ont cru au concept de la réincarnation. Cette croyance est universelle. Les peuples de l'Asie, des Amériques, de l'Afrique, d'Australasie et d'Europe, croient tous que la mort n'est pas la fin et que nous renaîtrons dans un autre corps.

En Orient, la réincarnation a toujours été tenue pour acquise. Elle est une partie essentielle de l'hindouisme, du bouddhisme, du jaïnisme et du sikhisme. À l'origine, elle ne faisait pas partie du shintoïsme, mais dès que le bouddhisme a atteint le Japon au XIIe siècle, elle a peu à peu été intégrée au système de croyances du pays. La réincarnation ne fait pas partie de la foi islamique, mais la secte soufie accepte le concept de renaissance.

Les anciens Égyptiens inhumaient des formules magiques avec les morts afin de leur permettre de renaître sous la forme de leur choix. En Grèce, au VIe siècle avant Jésus-Christ, le culte orphique enseignait que nous sommes à moitié malins et à moitié divins. Et, tout en progressant à travers différentes incarnations, nous apprenons à éliminer le côté sombre de notre nature et devenons ultimement divins. À ce stade, bien sûr, le cycle des renaissances est complété[1].

Les idées orphiques furent plus tard adoptées par Pythagore et devinrent une partie intégrante de sa philosophie. Pythagore disait se souvenir de ses vies antérieures. Dans sa *Vie de Pythagore*, Iamblichus écrit : «Ce que Pythagore voulait indiquer par tous ces détails, c'était qu'il connaissait les vies qu'il avait vécues antérieurement, ce qui lui permettait de porter une attention providentielle aux autres et de leur rappeler leurs propres existences passées[2].» Pythagore se rappelait avoir été Euphorbe, héros de la guerre de Troie, le prophète Hermotime, brûlé à mort par ses rivaux, le pêcheur chypriote Pyrrhos, une prostituée de Phénicie, un paysan de la Thrace et la femme d'un boutiquier de la Thrace[3].

Socrate croyait lui aussi très fort à la réincarnation. On prétend qu'il a passé le dernier matin de sa vie à réfléchir sous quelle forme l'âme existait avant que quelqu'un naisse et à comment elle continuerait de vivre après la mort du corps physique. Socrate se servait de la philosophie pour analyser la vie humaine, d'où sa phrase la plus célèbre : « Connais-toi toi-même. » Ses idées originales concernant l'âme font encore école aujourd'hui.

Platon, le plus célèbre élève de Socrate, croyait fermement à la réincarnation et écrivait : « Sachez que si vous devenez plus mauvais, vous irez vers les âmes les plus viles ; que si vous devenez meilleurs, vous irez vers les meilleures, et que dans chaque succession de vie et de mort, vous ferez et souffrirez ce que les êtres souffrent normalement aux mains de leurs semblables[4]. » Les idées de Platon sur la réincarnation ont profondément influencé la philosophie occidentale telle que nous la connaissons de nos jours.

Plus tard, les gnostiques grecs adoptèrent le concept de réincarnation. Il a joué un rôle important dans les débuts de la foi chrétienne. Au IIe siècle après J.-C., Clément d'Alexandrie écrivait que nous nous développons dans le processus de plusieurs incarnations. Origène, l'un des plus importants théologiens du jour, l'approuvait.

Certains passages de la Bible semblent dire que le concept de réincarnation va de soi. Dans Matthieu 11,13-15, Jésus dit à ses disciples qui a été Jean le Baptiste dans une vie antérieure : « Tous les prophètes en effet, ainsi que la Loi, ont mené leurs prophéties jusqu'à Jean. Et lui, si vous voulez m'en croire, il est cet Élie qui doit revenir. Que celui qui a des oreilles entende. » Cela est confirmé dans Matthieu 17,12, où Jésus dit : « Or, je vous le dis, Élie est déjà venu, et ils ne l'ont pas reconnu, mais ils l'ont traité à leur guise. De même, le Fils de l'homme aura lui aussi à souffrir d'eux. » À une autre occasion, Jésus demande à ses disciples : « Au dire des gens, qu'est le Fils de l'homme ? » Et on lui répond : « Pour les uns, Jean le Baptiste ; pour d'autres Élie ; pour d'autres encore Jérémie, ou quelqu'un des prophètes » (Matthieu 16,13-14).

Les disciples font une autre fois référence à la réincarnation quand ils interrogent Jésus sur un homme qui était aveugle depuis la naissance. « Rabbi, qui a péché, lui ou ses parents, pour qu'il soit né aveugle ? » (Jean 9,2). Évidemment, cet homme n'aurait pas pu pécher avant sa naissance, à moins qu'il n'ait péché dans une vie antérieure. Fait intéressant, Jésus ne reproche pas à ses disciples de penser ainsi. : « Jésus répondit : "Ni lui ni ses parents n'ont péché, mais c'est afin que soient manifestées en lui les œuvres de Dieu" » (Jean 9,3).

Hélas, en 553 après J.-C., le Concile de Constantinople a déclaré que la réincarnation était une doctrine hérétique. L'Église chrétienne a immédiatement renoncé au concept de réincarnation et a condamné ceux qui y croyaient à vivre dans la clandestinité. La réincarnation fut de nouveau jugée hérétique lors du Concile de Lyon en 1274, et de celui de Florence en 1493. Celui qui croyait en la réincarnation risquait de mourir sur le bûcher.

Malgré tout, la croyance en la réincarnation n'a pas disparu. Les cathares ont peut-être été la plus célèbre des sectes clandestines ayant été détruites par l'Inquisition. Fait intéressant, les rares références à la réincarnation dans la Bible sont toutes favorables[5].

En Europe, durant la Renaissance, il y a eu un regain d'intérêt pour les idées de Pythagore, la kabbale et le platonisme. Léonard de Vinci était parmi les nombreuses personnes qui acceptaient le concept de réincarnation. Ses carnets de notes comptent plusieurs passages où il exprime sa croyance en l'âme éternelle. En outre, quand Giordano Bruno fut trouvé coupable d'hérésie et condamné à mort en 1600, il a dit à l'Inquisition : « J'ai tenu et je tiens les âmes pour immortelles [...]. Puisqu'il n'y a pas d'âme sans corps et puisqu'elle n'est pas corps, elle doit être dans un corps ou dans un autre, et passer d'un corps à un autre[6]. »

On retrouve le concept de réincarnation dans la kabbale juive[7] et dans le Zohar[8]. Il y a aussi de nombreuses mentions de la réincarnation dans la Bhagavad Gita indienne et dans les Upanishads. En outre, les références dans le Coran islamique sont favorables au concept[9]. Dans le bouddhisme, le but ultime est d'être libéré du cycle sans fin des renaissances et d'atteindre le nirvana. En fait, on retrouve le concept de réincarnation, ou une variante, dans les traditions d'à peu près tous les peuples dans le monde.

L'intérêt pour la réincarnation est allé grandissant durant les XVIIIe et XIXe siècles. En Amérique, Benjamin Franklin et Thomas Paine ont écrit sur le sujet. Au même moment, Voltaire, Victor Hugo, George Sand et Gustave Flaubert en France, Goethe, Immanuel Kant et Gotthold Lessing en Allemagne, et David Hume et Alexander Pope en Angleterre, enseignaient ce concept au public européen.

L'œuvre de la Société théosophique a été à l'origine du regain d'intérêt des temps modernes pour la réincarnation. La Société théosophique était une fraternité universelle destinée à promouvoir des études comparatives de religion, de philosophie et de science, et à consacrer ses recherches aux lois inexpliquées de la nature. Aujourd'hui, la Société ne promeut aucun dogme particulier, mais tend à accepter la réalité de la réincarnation et du karma. La Société théosophique fut fondée en 1875 par madame Héléna Blavatsky, Henry Olcott et William Judge. Madame Blavatsky affirmait avoir été Pythagore et Paracelse dans des vies antérieures.

Dans des temps plus modernes, Edgar Cayce (1877-1945), chrétien engagé, fut un des principaux défenseurs de la réincarnation. Au début, il avait été alarmé d'avoir mentionné la réincarnation et le karma alors qu'il était en transe. Il n'avait jamais entendu parler de karma auparavant et croyait que la réincarnation était un truc enseigné par les païens. Heureusement, les amis de Cayce l'ont encouragé à poursuivre ses travaux et, après quelques expérimentations, il est venu à la conclusion qu'il n'y avait rien de païen ou de mal dans ce qu'il faisait. En fait, sa capacité à voir dans les vies antérieures lui permettait d'être plus efficace que jamais, puisqu'il pouvait traiter les corps et les esprits de ses patients. Entre 1923 et 1945, Cayce a réalisé quelque 2 500 lectures de vie, dont toutes sont conservées par l'Association for Research and Enlightenment, à Virginia Beach[10]. Ces lectures montrent nettement comment les attitudes et les personnalités des gens changent et se développent alors qu'ils progressent d'une existence à une autre.

L'intérêt pour la réincarnation a continué de grandir durant le XXe siècle. Le psychiatre britannique, Alexander Cannon et le colonel Albert de Rochas, pionnier français du paranormal, ont exploré les régressions hypnotiques au début du siècle. Aleister Crowley lui-même a écrit un livre sur sa méthode de retour sur les vies antérieures. Dans les années 1950, le célèbre cas de Bridey Murphy aux États-Unis, suivi par les souvenirs de vies antérieures de Mme Naomi Henry en Angleterre, a créé un grand intérêt et une énorme effervescence. Ces souvenirs avaient été mis à jour grâce à l'hypnose.

Arnall Bloxham, hypnothérapeute de Welsh, explorait lui aussi, depuis des années, les souvenirs de vies passées de ses clients à l'aide de la régression hypnotique, et avait enregistré plus de quatre cents séances. Par la suite, Jeffrey Iverson, producteur d'une émission de télévision sur les enregistrements de Bloxham, a écrit un livre intitulé : *More Lives than One*, qui est devenu un succès de librairie en 1976.

En 1983 paraissait *Out of a Limb*, le premier livre de Shirley MacLaine sur la réincarnation. Ce livre est devenu si populaire qu'on en a fait le sujet d'un feuilleton télévisé. Faciles à lire, les livres de Shirley MacLaine ont fait davantage, pour présenter la réincarnation au grand public, que toute autre méthode.

Dans les années 1970, la Dre Helen Wambach a fait régresser plus de mille personnes à l'aide de l'hypnose et a recueilli une grande quantité de données qui démontrent de façon très convaincante la réalité de la réincarnation. À une exception près, tous ses volontaires étaient, dans une vie antérieure, des gens ordinaires menant une vie quotidienne normale. Pour la plupart, il s'agissait de paysans dont les vies étaient extrêmement rudes. Ils travaillaient dur et survivaient en mangeant peu d'une nourriture monotone. Un grand nombre d'enfants mouraient en bas âge. Ce n'est pas le genre de vie dont les gens voudraient se rappeler s'ils désiraient seulement satisfaire leurs fantasmes.

La Dre Wambach a aussi découvert que bien que la plupart de ses volontaires aient été de race blanche et de classe moyenne, ils appartenaient très souvent à une autre race ou à un autre sexe lorsqu'on les ramenait dans leurs vies antérieures. Et comme, à n'importe quelle époque, la population d'hommes et de femmes est à peu près égale, on s'attendrait à ce que cette proportion demeure constante lorsque l'on procède à la régression d'un millier de personnes. Eh bien, c'est le cas. Sur les 1100 vies antérieures que Helen Wambach a examinées, 49,4 pour cent étaient des femmes et 50,6 pour cent étaient des hommes[11]. On a dit que si ces régressions n'étaient que purs fantasmes, une majorité de gens auraient choisi d'être un mâle de race blanche[12]. Le fait que ce ne soit pas le cas indique que ce sont des souvenirs authentiques de vies antérieures.

La recherche de la Dre Wambach répond aussi à une question cruciale. Le fait que la population mondiale augmente continuellement n'est-il pas une preuve que la théorie de la réincarnation ne tient pas la route ? La Dre Wambach a découvert que ses sujets retournaient à des périodes précises de l'histoire à la même fréquence, exactement, que si la réincarnation était un fait établi. La population de la Terre a doublé entre le Ier et le XVe siècles ; elle a à nouveau doublé au XIXe siècle, et elle a quadruplé depuis. Les sujets de la Dre Wambach ont régressé dans des vies passées suivant exactement le même rythme.

Plus de la moitié de la population mondiale croit à l'évidence du principe de réincarnation. Ces gens acceptent que le corps humain mourra avec sa personnalité et ses autres caractéristiques, mais que l'âme est immortelle, qu'elle a vécu de nombreuses vies antérieures, et qu'elle en vivra plusieurs autres dans le futur

Cela est parfaitement naturel, car il est impossible de tout connaître en l'espace d'une seule vie. Par contre, grâce à une succession d'existences, on peut faire l'expérience de la vie sous de nombreuses manières différentes : on peut être riche et être pauvre, noir puis blanc, mâle puis femelle, intellectuellement doué et handicapé mentalement, avoir une santé florissante et être accablé par la maladie. On peut vivre dans des pays à la technologie très avancée, puis dans des endroits où il faut lutter uniquement pour assurer sa survie. En effet, nous sommes les autres. Quoi qu'il en soit, il est probable que la connaissance de la réincarnation nous rend plus tolérants envers notre prochain.

Le temps de plusieurs incarnations, nous progressons et nous régressons graduellement, selon nos pensées et nos actions durant chaque existence. C'est la loi de cause à effet. Nous récoltons tous exactement ce que nous semons.

Pourquoi les gens ne se souviennent-ils pas de leurs vies antérieures ?

Les Grecs anciens croyaient que les dieux trempaient les âmes qui étaient sur le point de renaître dans le fleuve de l'Oubli, pour veiller à ce que tous les souvenirs de vies passées s'effacent. En fait, c'est probablement une bonne chose que la majorité ne puisse se souvenir de ses vies antérieures. Certains souvenirs douloureux et difficiles rendraient les progrès de la vie actuelle à peu près impossibles.

La majorité des gens sont nés sans souvenirs conscients de leurs précédentes incarnations. Toutefois, un bon nombre se remémorent des bribes de leurs vies passées, parfois en détail. Toute ma vie, je me rappelais avoir été un petit enfant à l'estomac plein, assis près d'un grand feu, et regardant les grands cercles rouges qui tournoyaient tout autour. Adulte, j'ai découvert que ces cercles rouges étaient créés par la doublure des robes noires que portaient les paysannes russes. Lorsqu'elles dansaient autour du feu, tout ce que je pouvais voir, c'étaient des cercles rouges. De toute évidence, il s'agissait d'un souvenir de vie antérieure, mais ce n'était qu'un souvenir partiel d'un moment de bonheur. Il a fallu que je devienne adulte pour en apprendre davantage sur cette vie passée.

On ne s'étonne pas que celles et ceux qui se souviennent de leurs vies antérieures vivent le plus souvent dans des pays où la réincarnation est acceptée comme un fait. Une étude menée dans le nord de l'Inde dans les années 1970, a démontré qu'environ une personne sur cinq cents affirmait se souvenir de ses vies passées[13]. Il n'y a pas eu d'étude similaire en Occident.

Le Dr Ian Stevenson a passé les quarante dernières années à rechercher des cas « de réincarnation type » et il a écrit une série d'ouvrages bien documentés sur ses découvertes. Au fil des ans, il a enregistré plus de 2 500 cas où il était surtout question des souvenirs de vies antérieures de jeunes enfants. Environ huit cents de ces cas ont été examinés et analysés.

De l'avis du Dr Stevenson, les preuves qu'apportent les petits enfants seraient plus convaincantes que celles des adultes. C'est que les enfants n'ont pas encore eu le temps de lire des romans historiques ou de voir des films ou des émissions de télé, qu'ils pourraient régurgiter involontairement comme des preuves de vies antérieures. L'action de retrouver des souvenirs enterrés et oubliés, enfouis juste sous la surface de la conscience, est connue sous le nom de « cryptomnésie ». D'après le Dr Stevenson, la plupart des régressions hypnotiques feraient ressurgir ces souvenirs oubliés, plutôt que d'authentiques souvenirs de vies antérieures.

Un cas, celui de Parmod, deuxième fils d'un professeur d'université en Inde, né en 1944, a fait l'objet d'une recherche approfondie de la part du professeur Stevenson et de beaucoup d'autres chercheurs. Dès qu'il a appris à parler, Parmod a dit les mots : « Moradabad », « Saharanpur » et « les frères Mohan ». À l'âge de deux ans et demi, il a dit à sa mère qu'elle n'avait pas besoin de cuisiner puisqu'il avait une femme à Moradabad. Quand ses parents ont acheté des biscuits, il leur a dit qu'il possédait une grande fabrique de biscuits à Moradabad. Il leur demandait sans cesse d'aller à Moradabad, et disait être l'un des frères Mohan. Plus le temps passait, plus il donnait de détails. Il disait s'appeler Paramanand. Paramanand était un homme d'affaires mort seulement neuf mois et six jours avant la naissance de Parmod.

Quand Parmod a eu cinq ans, un ami de la famille a découvert qu'il y avait, à Moradabad, une entreprise portant le nom des frères Mohan. Quand Mohan Lal, propriétaire de l'affaire, a entendu parler de Parmod, il est allé voir le garçon chez lui, à Bissauli. Hélas, Parmod était alors en visite chez des parents, mais ils ont pris des arrangements pour qu'il vienne à Moradabad.

En arrivant à Moradabad avec ses parents, Parmod a immédiatement reconnu son frère et l'a étreint avec chaleur. Ayant reconnu l'entrée de la ville, il a annoncé qu'ils étaient tout près de l'entreprise familiale. Afin de tester Parmod, le véhicule dans lequel ils se trouvaient a délibérément dépassé la fabrique, mais l'enfant se rappelait l'immeuble et a ordonné au chauffeur de s'arrêter. Il est entré dans la maison où il avait vécu durant sa vie précédente, et a rendu hommage à la pièce qu'il réservait autrefois à ses prières quotidiennes. Il a reconnu sa femme, ses parents, ses frères et tous ses enfants, excepté son fils aîné. Ce fils avait 13 ans, à la mort de Paramanand ; il avait énormément changé, en six ans. Parmod se remémora avec bonheur des incidents concernant sa famille et leur vie commune.

Durant les deux jours qu'il a passés à Moradabad, Parmod a en effet prouvé qu'il était la réincarnation de Paramanand, en reconnaissant différents lieux et différentes personnes qu'il avait connus dans sa vie antérieure. Il leur a indiqué un immeuble qui avait un jour été une succursale des frères Mohan. Il a pu expliquer comment fabriquer de l'eau aérée, et leur dire pourquoi la machine ne fonctionnait pas. On l'avait délibérément trafiquée pour le mettre à l'épreuve[14].

Les enfants montrent souvent un talent ou un goût particulier à un âge très précoce. Cela est fort probablement le résultat d'expériences de vies antérieures. L'imagination sans bornes des petits enfants peut également indiquer des souvenirs d'incarnations antérieures.

Le problème avec les régressions dans les vies antérieures par l'hypnose, c'est que l'on peut rarement les vérifier. Quelqu'un peut raconter, à propos d'une vie antérieure, une histoire merveilleuse remplie de détails incroyables qui peuvent être confirmés. Néanmoins, le doute subsiste, car cette personne a pu accéder à ces informations dans sa vie actuelle, par exemple, en lisant un livre ou en regardant un film. Ce problème n'existe pas lorsque les tout-petits ont des souvenirs de leurs vies passées, puisqu'il est impossible qu'ils aient obtenu ce genre de renseignements par de tels truchements.

En Occident, on dit aux enfants qui se souviennent de vies antérieures de cesser d'inventer des histoires, ou alors, on décrète qu'ils s'adonnent au jeu de l'imagination. À mesure que ces enfants prennent de la maturité, leurs souvenirs s'estompent jusqu'à ce qu'ils soient complètement perdus.

Est-ce dangereux ?

Il n'y aucun danger à réaliser une régression dans une vie antérieure à l'aide des techniques contenues dans ce livre. Il existe cependant d'autres méthodes potentiellement dangereuses. Dans les années 1970, un grand nombre d'individus ont exploré leurs vies passées à l'aide de différentes drogues. Comme il fallait s'y attendre, certains d'entre eux ont vécu de terribles expériences regrettables. Il n'est pas nécessaire de prendre un stimulant artificiel pour réussir une régression dans une vie antérieure.

Il existe aussi des méthodes pour retourner dans vos vies passées par le biais d'un travail corporel. Dans ce genre de méthodes, quelqu'un touche différentes parties de votre corps pour voir les réactions que cela provoque. En touchant le bon point, vous retournez dans une vie antérieure. C'est une méthode efficace que j'ai utilisée plusieurs fois; je ne l'ai toutefois pas inscrite ici pour deux raisons. J'ai entendu des histoires d'individus qui abusaient de l'autre durant le processus. À l'évidence, il faut avoir une totale confiance en la personne qui vous touche. L'autre inconvénient, c'est que vous ne pouvez pas utiliser cette méthode lorsque vous êtes seul. Aucune des méthodes expliquées dans ce livre n'exige l'aide d'un partenaire.

Un autre point est à considérer. Le fait de prendre conscience de nos vies antérieures nous rend également conscients du karma créé par ces existences passées. Pour certains, ce savoir peut être difficile à accepter. Nous luttons presque tous contre le karma créé par notre vie actuelle, sans avoir à nous soucier du karma créé par nos vies antérieures. Par conséquent, à moins d'être sûr que vous serez capable de gérer ce qui vous sera révélé, il est préférable de ne pas faire de régressions dans les vies antérieures.

Dans ma pratique, j'ai découvert que la plupart des gens n'ont aucun mal à effectuer un retour sur leurs vies antérieures. Certains, par contre, essaient toutes les méthodes et ne réussissent toujours pas à déverrouiller la porte de leurs incarnations précédentes. J'ai l'impression que c'est voulu; que quelque chose les empêche de se souvenir de leurs vies passées tant qu'ils ne sont pas prêts à digérer l'information.

Pourquoi explorer nos vies antérieures?

Les gens me demandent souvent pourquoi quelqu'un voudrait explorer ses vies antérieures. Habituellement, je réponds qu'une régression dans une vie antérieure peut procurer des indices valables quant aux raisons qui font qu'une personne agit et se comporte de telle manière dans sa vie actuelle. Une régression dans une vie antérieure peut souvent fournir des renseignements relatifs à l'objectif de vie de la personne durant sa vie actuelle. Je peux expliquer les raisons derrière les difficultés et les problèmes que rencontre la personne au cours de cette vie, et lui fournir des indices quant au karma qu'elle doit rembourser. En sachant pourquoi ils agissent et réagissent d'une certaine manière, les gens gagnent davantage de contrôle sur leur propre vie.

La thérapie par les vies antérieures peut aussi être une forme de guérison extrêmement valable. Cela permet de s'attaquer aux causes sous-jacentes à un problème, plutôt que d'essayer d'en traiter les symptômes. Les souvenirs de nos vies passées sont imprimés dans l'ADN de chacune des 10 trillions de cellules qui composent notre corps[15]. En utilisant des techniques de guérison de vies antérieures, on peut guérir les « maladies » qui existent parfois depuis plusieurs vies successives.

La culpabilité joue un rôle majeur dans la vie de bien des gens. Les peurs, la colère et le chagrin occultés peuvent créer des sentiments de culpabilité. La thérapie des vies antérieures peut aider ces personnes à se débarrasser de cette culpabilité créée lors d'incarnations précédentes.

Bien des gens choisissent de procéder à une régression dans les vies antérieures au moment où ils traversent une crise. Quand tout semble aller de travers dans leur vie, ils cherchent une solution dans leurs vies antérieures. Quoi qu'ils découvrent, ces régressions semblent être bénéfiques à tout coup.

Une dame est venue me voir peu après que son partenaire l'eut quittée. « J'ai toujours été jalouse, m'a-t-elle raconté. Je ne sais pas pourquoi. C'est terrible, car je finis toujours par perdre ceux que j'aime le plus. »

Elle a fait un retour sur une vie qu'elle avait vécue en Jamaïque, au XIXe siècle. Elle était la fille aînée et choyée de riches propriétaires d'une plantation, qui lui donnaient tout ce qu'elle désirait. Elle était tombée amoureuse d'un jeune homme qui, hélas, aimait quelqu'un d'autre. Elle avait tout fait pour l'empêcher de courtiser la femme qu'il aimait, mais rien n'avait fonctionné. Dans un accès de jalousie, elle avait payé quelqu'un pour empoisonner sa rivale. À la nouvelle de la mort de sa bien-aimée, le jeune homme s'était pendu.

Après cette régression, ma cliente a poursuivi ses consultations. Même si son compagnon n'est pas revenu vers elle, elle s'est réconciliée avec sa vie et m'a dit que ce sentiment de jalousie ne la titillait plus qu'occasionnellement.

Le pardon — à la fois envers soi et envers les autres — est sans doute la plus importante chose que peut rapporter une régression dans une vie antérieure. Vous pouvez pardonner à ceux qui vous ont blessé dans une vie antérieure ; vous pouvez aussi vous pardonner pour le mal que vous avez fait à autrui. Il en résulte une acceptation inconditionnelle de vous-même et de vos semblables. Quand vous atteindrez cet état, vos progrès feront plaisir à voir.

Parmi les principaux avantages que l'on puisse tirer de la connaissance de nos vies antérieures, on trouve une plus grande paix de l'esprit. Bien des gens ont peur de la mort, mais cette peur disparaît lorsqu'ils se rendent compte que la mort n'est pas une fin.

La découverte de talents que vous ignoriez posséder est un autre avantage. Les aptitudes et talents que vous utilisiez dans vos vies antérieures ne sont pas perdus. Ils font toujours partie de vous et, si vous en avez pris conscience, vous pouvez continuer à les développer dans votre vie actuelle.

Cependant, la plupart de ceux qui choisissent de faire une régression dans une vie antérieure le font pour découvrir s'ils réalisent leur vrai objectif de leur vie actuelle. Nombreux sont ceux qui ne se sentent pas satisfaits et qui veulent découvrir ce qu'ils devraient faire de leur vie. En l'occurrence, une régression dans une vie antérieure peut être extrêmement utile. Cela prouve à tout le moins que notre potentiel est sans limites.

La majorité de mes clients disent croire en la réincarnation, mais certains demeurent sceptiques, même après une régression. Toutefois, quelle que soit leur opinion sur le sujet, tous, d'une manière ou d'une autre, ont trouvé des avantages à être exposés à une de leurs nombreuses vies passées. Que le sujet vous intéresse beaucoup ou modérément, vous trouverez les expériences présentées dans les chapitres qui suivent intéressantes et bénéfiques pour votre vie actuelle.

Est-ce que tout le monde a une vie antérieure ?

Je n'ai encore jamais vécu une situation où quelqu'un serait venu me voir en vain pour une régression dans une vie antérieure. En fait, la plupart des gens semblent avoir un choix illimité de vies antérieures.

Un des mes clients réguliers est menuisier. Sur une période de presque vingt ans, nous avons exploré une vingtaine de ses vies passées. Parfois, quand il vient me voir, il veut explorer une vie antérieure que nous avons déjà revue dans les moindres détails. D'autres fois, il demande à retourner dans une vie qu'il connaît moins bien. Il arrive aussi qu'il laisse cela au hasard.

Il y a un facteur commun à toutes ses vies antérieures : il a toujours été habile de ses mains. Il semble avoir vécu aussi souvent en femme qu'en homme, mais dans toutes ses existences, sa dextérité a été mise à profit. Dans ses incarnations masculines, il a été maçon, ébéniste, constructeur de routes, fermier, mécanicien, et ainsi de suite. Dans ses incarnations féminines, il a été vachère, cuisinière, infirmière et femme de ménage.

Je trouve fascinant le fil qui court tout au long de presque toutes ses existences, car mes propres vies antérieures ont été complètement à l'opposé. Je manque totalement d'esprit pratique et, dans la plupart de mes vies antérieures, j'ai été moine, prêcheur, musicien, écrivain ou enseignant.

Malheureusement, beaucoup de mes clients viennent me voir par simple curiosité et, une fois cette curiosité assouvie, ils ne continuent pas à explorer leurs multiples vies antérieures, comme le fait mon client menuisier. Je ne pourrais donc dire s'il y a bel et bien un fil conducteur commun à toutes leurs incarnations. C'est un domaine de recherche passionnant.

Ce que je sais, par contre, c'est que vous avez vécu plusieurs vies antérieures. Vous avez été sur cette terre à plusieurs reprises, déjà, et vous reviendrez encore de nombreuses fois dans le futur.

Qu'en est-il du déjà-vu ?

À peu près tout le monde a eu une impression de déjà-vu à un moment ou à un autre. C'est cette curieuse impression d'avoir déjà été dans un lieu, vécu des sensations ou une suite d'événements, tout en sachant que ce n'est pas le cas. La réincarnation n'est que l'une des nombreuses explications possibles de ce phénomène. Il se peut aussi que vous ayez vu cette scène à la télé, que vous ayez été témoin d'une scène semblable sans qu'elle soit identique, ou que vous ayez rêvé à l'événement avant qu'il se produise.

Parfois, cependant, le déjà-vu mène à un souvenir spontané de vie antérieure. Cela peut surprendre ceux qui n'ont jamais pris le temps de réfléchir à ce phénomène.

Une de mes connaissances a fait ce genre d'expérience, un soir, chez elle. Elle avait coupé du citron pour en mettre dans les verres qu'elle préparait pour son mari et elle, puis elle s'était assise sur la véranda pour observer le coucher de soleil. En levant son verre pour le porter à ses lèvres, elle a senti le citron sur ses doigts et a été instantanément transportée dans une vie antérieure, en Italie, à l'époque de la Renaissance, alors qu'elle posait pour un peintre dans un grand jardin.

« Je suis convaincue qu'il y avait de la citronnelle dans le jardin, m'a-t-elle dit. Mais l'odeur du citron m'a soudain ramenée en arrière. Je ne sais pas pourquoi cela s'est produit à ce moment précis, puisque je connais l'odeur du citron depuis toujours. De toute façon, j'étais parfaitement heureuse. J'étais amoureuse d'Aroldo, pour qui je posais, et je sentais une telle bouffée de joie, que j'avais l'impression que mon cœur allait exploser, dit-elle avec un sourire nostalgique. Je n'ai jamais connu un moment comme celui-là dans ma vie actuelle. »

Le Dr Frederick Lenz est psychologue et il a étudié les souvenirs spontanés de vies antérieures. Il décrit ses découvertes dans son livre intitulé *Lifetimes*. Le Dr Lenz a découvert que la plupart des souvenirs spontanés de vies passées se sont produits sous forme de rêves, ou tandis que la personne méditait, comme une vision d'éveil, ou dans des expériences de déjà-vu. Le Dr Lenz a découvert qu'immédiatement avant un retour spontané dans une vie antérieure, ces gens se sentaient devenir plus légers, alors que des couleurs vives se mettaient à danser devant leurs yeux. Ils avaient une sensation de bien-être euphorisante et la pièce semblait vibrer. Puis soudain, pendant quelques instants, ils étaient transportés dans une vie antérieure. Souvent, ils paraissaient légèrement hébétés quand l'expérience prenait fin.

Puis-je prouver qu'une vie antérieure a vraiment eu lieu ?

Malheureusement, cela est impossible dans la plupart des cas. La majorité des gens ont vécu des vies moyennes durant le laps de temps qu'a duré leur vie. Quelques-uns ont eu la chance d'étudier ou de voyager. Ils ont donc passé leur vie dans un cercle restreint, près de chez eux. Il se peut qu'ils n'aient pas su le nom de la ville ou du village le plus proche. Il est fort possible qu'ils n'aient jamais su l'année de leur naissance ou le nom de leur pays. Il se peut même qu'ils n'aient pas su leur propre nom de famille. Naturellement, il est impossible de prouver ou de réfuter ces histoires.

Tout récemment, j'ai fait régresser une jeune femme en Europe médiévale. Elle était un homme durant cette existence et elle travaillait comme boulanger. Cet homme était ambitieux, travaillait dur, et avait fini par posséder sa propre affaire. Le nombre de détails qu'il m'a donnés en ce qui a trait à la fabrication du pain, c'était extraordinaire ! Cependant, il était illettré et n'avait aucune idée de la date, voire du nom de la ville où il vivait. De toute évidence, il savait si peu de choses sur lui-même qu'il aurait été très difficile d'en apprendre davantage.

À d'autres moments, on peut recueillir une profusion de détails sans pouvoir les prouver, en raison de l'absence d'archives historiques. Jess Stearn a exploré un de ces cas dans son livre *The Search for the Girl with the Blue Eyes*. La fille aux yeux bleus vivait dans la campagne canadienne, à la fin du XIXe siècle. Elle ne s'était jamais éloignée de chez elle, connaissait très peu ses voisins, et vivait à une époque où les extraits de naissance, de décès et de mariage étaient rares ou inexistants. Bien que son histoire soit extrêmement convaincante et qu'elle contienne des trésors de détails, elle ne peut pas prouver que la réincarnation est bien réelle.

Un autre exemple qui a fait l'objet d'une recherche exhaustive concerne George Field, un collégien de 15 ans qui a régressé jusqu'à une vie passée où il était fermier, durant la guerre civile. Le jour où il avait refusé de vendre ses pommes de terre aux soldats yankees pour quelques cents le boisseau, il avait reçu une balle dans le ventre et était mort. La régression était menée par Loring G. Williams, qui écrivit plus tard un compte rendu dans le magazine *Fate*. D'autres renseignements refirent surface après que l'article eut été publié et inclus dans le livre fascinant de Brad Steiger : *You Will Live Again*[16]. Williams s'était rendu à Jefferson, en Caroline du Nord, avec George Field, afin de vérifier certains faits. George Field ou Jonathan Powell, qui était son nom dans sa vie précédente, lui avait fourni une grande quantité de renseignements à propos de gens qui avaient vécu en cet endroit à l'époque. Pourtant, bien que beaucoup de renseignements aient pu être vérifiés, cela ne suffit pas à prouver hors de tout doute la réalité des régressions dans les vies antérieures.

Il arrive parfois qu'un de mes clients retourne dans une existence antérieure en tant qu'un personnage qu'il est possible de retracer dans les livres d'histoire. J'ai pratiqué une régression où la personne était retournée dans une vie où elle faisait de la tenue des livres pour Oliver Cromwell. En consultant les livres d'histoire, nous avons appris que quelqu'un du même nom avait bel et bien fait de la tenue des livres pour Oliver Cromwell. Mon client se rappelait cette vie avec beaucoup de détails et utilisait même des termes aujourd'hui désuets. Il est donc possible, voire hautement probable, que mon client ait été cette personne dans une vie précédente.

Hélas, il est impossible de le prouver hors de tout doute. Les sceptiques ont raison de dire que mon client a pu trouver cette information dans un livre qu'il aurait lu longtemps auparavant, pour ensuite l'oublier. Il a peut-être entendu une émission de radio ou vu un film à la télé, dans lequel ce personnage était représenté. Il est donc impossible de prouver qu'il a été cette personne dans une vie antérieure. Mon client, toutefois, croit que oui, et ce savoir l'a aidé. Et, tout compte fait, c'est tout ce qui importe.

Ai-je une âme sœur ?

Une âme sœur est quelqu'un avec qui vous avez eu un lien très puissant au fil de multiples incarnations. La plupart des gens considèrent qu'une relation avec une âme sœur doit forcément être une relation amoureuse qui aurait duré pendant des centaines, voire des milliers d'années. Cela arrive en effet assez souvent, et c'est toujours excitant pour quelqu'un de découvrir que la personne qu'il adore dans cette vie était aussi son amour dans des incarnations passées.

Les relations entre âmes sœurs peuvent aussi inclure d'importantes relations entre deux personnes qui n'ont rien à voir avec l'amour ou une idylle. Par exemple, quelqu'un qui est votre mentor dans votre vie actuelle a pu être votre professeur ou votre élève dans un certain nombre de vies antérieures. On peut donc considérer qu'il s'agit d'une relation entre âmes sœurs, puisqu'elle est forte, importante et vitale à votre progrès, même si elle est platonique. Ainsi, un autre avantage de retourner dans vos vies antérieures, c'est qu'elles vous permettent de déterminer exactement qui est votre âme sœur.

2

Se préparer

Je me vois au centre d'une scène que je n'ai pas pu visiter avant, et qui pourtant m'est tout à fait familière ; je sais que c'est la scène d'une action à laquelle j'ai déjà pris part et à laquelle je suis sur le point de prendre part à nouveau.

John Buchan (1875-1940)

Je crois que quiconque le souhaite peut retrouver des souvenirs de ses vies antérieures. Malheureusement, dans ma pratique clinique, j'ai constaté que nombreux sont ceux qui ont de la difficulté à s'abandonner et à se permettre de revivre une précédente incarnation. Cela peut se produire même quand ils veulent désespérément régresser dans leurs vies antérieures dans un but précis.

Ce phénomène a plusieurs explications. La peur de s'abandonner est la principale. Cette peur peut être consciente ou inconsciente. Beaucoup arrivent à se détendre suffisamment pour retrouver des souvenirs depuis longtemps perdus, pour reculer à la dernière minute.

Très souvent aussi, les gens craignent de découvrir, dans une vie antérieure, un événement terrifiant ou terriblement tragique. Heureusement, on peut mettre fin à une régression à tout moment, et ramener la personne au présent sans danger. Dans mon travail de régression, je dis toujours à mes clients qu'ils vont revoir leurs vies passées d'une façon légèrement détachée. À chaque instant, ils peuvent s'en rapprocher un peu plus ou s'arrêter.

Certains sont sceptiques en ce qui a trait au processus et ne lui permettent pas de se produire. Tant qu'ils demeurent sceptiques, il leur est impossible de revenir sur une vie antérieure. Par contre, s'ils suspendent temporairement leurs réticences, ils risquent d'être étonnés de ce qu'ils peuvent accomplir.

Ce livre vous présente une douzaine de méthodes pour retourner dans vos vies passées. Vous trouverez peut-être utile de le lire en entier et d'essayer les méthodes qui vous plaisent le plus. J'ai compris qu'il est bon de pouvoir choisir, parmi diverses méthodes, celle qui nous convient le mieux.

Tous, nous pensons et agissons différemment. Une méthode qui me transporte rapidement et aisément dans une vie antérieure pourrait ne pas être aussi efficace pour vous, et une autre méthode pourrait fonctionner mieux pour vous que pour moi. En outre, différentes méthodes semblent fonctionner mieux à différents moments. Lisez ce livre, choisissez une méthode qui vous convient, et mettez-la en pratique. Vous constaterez peut-être que cette méthode fonctionne à merveille, auquel cas vous pourriez décider de ne jamais essayer les autres méthodes. Cependant, vous pourriez, comme moi, choisir différentes méthodes, selon ce que vous ressentez à tel ou tel moment.

Quelle que soit la méthode que vous choisirez, amusez-vous. Cela peut vous sembler étrange, mais vous aurez de meilleurs résultats si vous menez votre régression avec l'impression de vous amuser ferme. Prenez au sérieux votre besoin de connaître vos vies antérieures, mais ayez du plaisir en les découvrant. Comme c'est le cas pour bien d'autres choses dans le monde paranormal, une volonté inflexible rend la réussite à peu près impossible.

Naturellement, vous découvrirez des incidents désagréables dans vos vies passées. Bon nombre de vos vies antérieures auront été des vies de malheur. Les autres vous auront blessé, et vous aurez blessé vos semblables à d'autres moments. Rappelez-vous que la personne qui a été blessée ou qui a blessé autrui n'est pas le vous d'aujourd'hui. Si vous avez volé, violé ou tué dans une vie antérieure, cela ne veut pas dire que vous êtes un être abject dans cette vie. Le fait de revisiter vos vies antérieures vous fournit l'occasion de vous pardonner ces bêtises passées. Les régressions dans les vies antérieures vous offrent aussi la chance de pardonner aux autres le mal qu'ils vous ont fait. Vous en retirerez une immense satisfaction.

Il n'est pas nécessaire de croire en la réincarnation pour ces travaux expérimentaux. Néanmoins, vous devez être sérieux et garder l'esprit ouvert. Vous ne réussirez jamais si vous traitez le sujet à la blague.

Naturellement, il faut veiller à ne pas être dérangé et à ce que la pièce où vous menez la régression soit bien chauffée. Peut-être pensez-vous que le meilleur endroit pour retourner dans une vie passée est votre lit, à l'heure du coucher. En pratique, c'est rarement le cas. La plupart de ceux qui essaient cela — moi inclus — s'endorment, tout simplement. Pour moi, un fauteuil inclinable dans une pièce bien chauffée fait parfaitement l'affaire.

Nombreux sont ceux qui aiment mettre une douce musique méditative durant leur régression. Veillez à ce que cette musique de fond ne contienne pas de mélodie reconnaissable, si vous voulez qu'elle vous aide davantage qu'elle ne vous distrait. Je préfère une pièce tranquille sans musique. Néanmoins, une musique de fond peut aider à éliminer les bruits environnants qui risqueraient de vous distraire. Servez-vous-en si vous croyez que cela peut vous aider à vous détendre.

Il est bien de n'avoir pas d'attentes, au début. Il se peut que vous soyez convaincu d'avoir vécu à Barcelone au Moyen Âge et que vous souhaitiez vous y rendre. Mais l'expérience est vouée à l'échec si vous n'avez jamais vécu en cet endroit dans aucune de vos existences.

Certaines personnes sont convaincues qu'elles ont été célèbres dans le passé. Au fil des ans, j'ai mené des régressions pour des centaines de personnes et je n'ai toujours pas rencontré la réincarnation de Henri VIII ou de Cléopâtre. J'adorerais rencontrer ces personnages, mais cela ne s'est jamais produit. Il y a de bonnes chances que vous ayez été un être humain moyen dans une vie antérieure. En fait, je me méfie toujours quand quelqu'un me dit croire avoir été Napoléon ou un autre personnage historique célèbre. Bien que cette personne puisse réellement croire ce qu'elle avance, il y a de bonnes chances qu'elle essaie simplement de mousser son estime d'elle-même dans sa vie actuelle.

Quand vous aurez expérimenté et exploré une de vos vies antérieures, examinez-en d'autres. Vous aurez une meilleure image de l'objectif de votre âme que celle que vous pourriez vous faire à la lumière d'une seule incarnation. Chaque existence additionnelle ajoute à l'image d'ensemble et vous procure un meilleur aperçu de la vie que vous vivez actuellement.

À la suite de deux ou de trois régressions, vous aurez peut-être l'impression d'avoir tout inventé et d'avoir imaginé vos vies antérieures. Bien des gens ont cette impression. Cela n'est pas étonnant, car vos premières régressions peuvent contenir une foule de souvenirs sans aucun lien, qui vous apparaîtront comme des fantasmes purs et simples. Néanmoins, en essayant différentes méthodes et en faisant toujours plus confiance à vos capacités de retourner dans vos vies antérieures, de plus en plus de détails utiles referont surface.

Après chaque régression, prenez le temps de réfléchir à l'expérience avant de vaquer à vos occupations quotidiennes. Voyez les leçons que vous pouvez en tirer. Voyez quels facteurs karmiques entrent en ligne de compte. Et, plus particulièrement, voyez quel karma influence toujours votre vie actuelle. Voyez quelles aptitudes et quels talents vous aviez dans cette vie antérieure. Pardonnez-vous vos bêtises passées. Pardonnez aux autres le mal qu'ils vous ont fait. Sachez que peu importe qui vous étiez dans cette vie antérieure, vous avez fait de votre mieux. Rappelez-vous que vous n'êtes pas la même personne que vous étiez alors. Par conséquent, inutile de vous sentir coupable ou de vous faire des reproches. Finalement, quand vous vous sentirez prêt, étirez-vous et reprenez vos occupations.

Prenez note de vos expériences le plus tôt possible après la régression. Ces notes vous seront de plus en plus utiles au fil de vos expériences.

Soyez prudent lorsque vous parlez de vos vies antérieures avec les autres, du moins au début. Certaines personnes ne comprendront pas ce que vous êtes en train de faire et pourraient même penser que vous êtes sous l'emprise de forces sataniques. J'en ai personnellement fait les frais ; mes explorations du monde paranormal m'ont même coûté quelques amitiés. Nous sommes tous différents et à différents stades de notre développement. Soyez affable et compréhensif quand les autres tentent de vous décourager. Répondez à leurs questions, mais n'essayez pas d'embrigader qui que ce soit.

La plupart des gens continuent de s'intéresser d'eux-mêmes à leurs régressions dans les vies antérieures, et c'est en pensant à un praticien solitaire que j'ai écrit ce livre. Toutefois, le fait de travailler avec un partenaire qui pense comme vous comporte de nombreux avantages. Un partenaire sympathique et compréhensif peut vous guider à travers votre régression et vous faciliter l'expérience. Par ailleurs, vous pourrez après coup discuter ensemble de l'expérience de l'autre.

3

Le karma

À chaque action correspond toujours une réaction égale et opposée.

Sir Isaac Newton (1642-1727)

Le terme karma est un mot sanskrit qui vient du verbe « *kri* », qui signifie « faire » ou « activer ». Ainsi, « karma » veut littéralement dire « une action ou une activité ». Le karma décrit la loi universelle de cause et d'effet. Tout ce que nous pensons, disons ou faisons crée une réaction ou entraîne un effet. Autrement dit, nous récoltons ce que nous semons.

C'est que l'Univers est moral, et que toute action, bonne ou mauvaise, finit toujours par recevoir sa juste récompense. Si vous faites quelque chose de mal aujourd'hui, quelque chose de mauvais vous arrivera en retour. Il se peut que cela ne se produise pas dans votre vie actuelle, mais vous finirez par en payer le prix. De même, une bonne action aujourd'hui sera récompensée dans le futur. Les bonnes actions et la bonté envers les autres au présent peuvent vous permettre d'expier un mauvais karma créé dans le passé. Ainsi, même si une majorité semble associer le karma avec l'expiation de ses mauvaises actions, les deux existent : les bons et les mauvais karmas.

Certaines personnes relient le karma à la prédestination. C'est une erreur. Le karma n'a rien à voir avec le sort ou la destinée. Ce n'est pas un moyen d'appliquer un châtiment ou une punition. Le karma est un processus par lequel chaque action a une certaine conséquence. Si vous devez faire un choix moral et que vous prenez la bonne décision, cela vous vaudra un bon karma. Si vous faites le mauvais choix, vous finirez par en payer le prix. C'est aussi simple que cela. J'ai prononcé plusieurs allocutions dans les prisons et j'ai rencontré un grand nombre de gens qui paient pour leurs mauvais choix. Cependant, ce sont seulement ceux qui se sont fait prendre. De nombreux criminels semblent s'en sortir, bien qu'ils fassent de mauvais choix. Du moins en apparence, car tôt ou tard, au cours de cette vie ou de la suivante, il ne fait aucun doute qu'ils devront en payer le prix.

Le concept de karma peut donner l'impression de ressembler à un processus de récompenses et de punitions. En fait, c'est beaucoup plus que cela. Le karma nous donne l'occasion de grandir. Il nous présente des obstacles et des occasions. La vie que vous vivez en ce moment résulte directement de tout ce que vous avez déjà fait dans vos vies antérieures. Durant votre existence actuelle, vous devrez relever des défis, surmonter des difficultés et saisir des occasions. Votre prochaine vie dépendra de votre façon d'aborder toutes ces situations. Personne ne se retrouve jamais devant une difficulté plus grande que ce qu'il ne peut affronter.

Dans son livre *Karma and Rebirth*, Christmas Humphreys décrit le karma en ces termes : « L'homme est puni par ses péchés, et non pour eux. Le karma ne récompense ni ne punit ; il se contente de rétablir l'harmonie perdue. Celui qui souffre mérite ses souffrances, et celui qui a des raisons de se réjouir récolte ce qu'il a semé[1]. »

Les gens qui connaissent le concept de karma sont en bien meilleure position pour progresser positivement que ceux qui n'en savent rien et qui mènent leur vie au hasard. Plus important encore : les gens qui cherchent activement à façonner leur karma semblent bénéficier de la protection et de l'aide des forces divines. C'est parce qu'ils accordent leurs efforts sur la volonté de Dieu, plutôt que de s'y opposer. Cela ne les libère pas de leur dette karmique, mais cela les renforce et leur permet de continuer à avancer de manière plus positive et mieux dirigée.

Une des façons les plus efficaces de libérer son karma, c'est de pardonner aux autres et à soi-même. Si quelqu'un vous fait du mal et que vous faites preuve de compassion et lui pardonnez sans réserve, vous vous préparerez un bon karma. Fait intéressant, en pardonnant à autrui, vous envoyez à l'Univers des messages qui encouragent les autres à vous pardonner. Nous faisons tous des erreurs en traversant la vie, c'est pourquoi il est important de se pardonner aussi à soi-même.

Il est intéressant de noter que la Bible contient de nombreuses références au karma. Dans Job 4,8, on peut lire : « J'ai bien vu : ceux qui labourent le malheur et sèment la souffrance, les moissonnent. » Dans l'Apocalypse 2,23, on peut lire : « [...] et je vous paierai chacun selon vos œuvres. » La plus célèbre référence se trouve dans l'épître aux Galates 6,7 : « Ne vous trompez pas ; on ne se moque pas de Dieu. Car ce que l'on sème, on le récolte. » Dans son sermon sur la montagne, Jésus a indirectement fait référence au karma créé par la pensée : « Vous avez entendu qu'il a été dit : "Tu ne commettras pas l'adultère." Eh bien, moi, je vous dis : quiconque regarde une femme pour la désirer a déjà commis, dans son cœur, l'adultère avec elle. » (Matthieu 5,27-28)[2]

Au cours des vingt dernières années, de nombreuses recherches ont été faites sur les états de mort imminente. Une des plus étonnantes découvertes est que, dans la majorité des cas relatés, les expériences de retour à la vie sont à peu près identiques à celles rapportées dans le *Livre tibétain des morts*. Cela semble indiquer que ces personnes se sont aventurées, au moins un peu, dans le « bardo », qui est l'état intermédiaire de conscience entre deux vies. Le Dr Joël Whitton, neuropsychiatre torontois, a été un des premiers à orienter ses recherches sur le sujet. Il a découvert qu'un grand nombre de personnes s'inventent un type de « scénario karmique » en attendant de revenir à la vie. Tandis qu'elles sont en état de bardo, elles choisissent le type de carrière qu'elles embrasseront, le type de partenaire de vie et de parents qu'elles auront dans leur prochaine vie, et ainsi de suite[3]. Cela leur permet de préparer des expériences qui les habiliteront à travailler sur le karma de vies antérieures. Bien sûr, quant à savoir si oui ou non elles réussissent, c'est une autre histoire.

Nos motifs jouent un rôle important dans le karma. Si, par exemple, un bien nanti construit un hôpital pour en faire don à la communauté, il ne fait aucun doute que sa générosité lui vaudra des avantages karmiques. Cependant, le degré de bénéfices sera déterminé par sa motivation. S'il fait ce don parce qu'il désire aider les gens, ses bénéfices karmiques seront considérables. Si ce don est motivé par autre chose, par exemple, pour flatter son ego ou pour servir ses aspirations politiques, les bénéfices seront beaucoup moins grands.

Il y a un équilibre dans l'Univers et, peu importent nos actions, tôt ou tard, elles feront contrepoids pour rétablir cet équilibre. Il y a plus de cent ans, Ralph Waldo Emerson a très bien exprimé ce concept : « Si vous aimez les hommes et les servez, vous ne pourrez, par dissimulation ou stratagème, vous soustraire à la rémunération. Les châtiments secrets rétablissent toujours le niveau, lorsqu'il a été perturbé, de la justice divine. Il est impossible de déplacer la poutre. Tous les tyrans, propriétaires et monopolistes du monde préparent en vain leurs épaules pour soulever la poutre. Fixez à tout jamais le lourd équateur sur sa ligne, et homme et paille, étoile et soleil, devront s'y conformer, ou être pulvérisés par l'horreur[4]. »

Carl Jung a été incapable de décider si le karma qu'il portait venait seulement de cette vie ou de toutes ses vies. Néanmoins, son approche du sujet était bonne. Dans son autobiographie, il écrit : « Quand je mourrai, mes actes me suivront – c'est ainsi que je l'imagine. J'emporterai ce que j'aurai accompli. D'ici là, il faut veiller à ne pas arriver au bout du chemin les mains vides[5]. » Autrement dit, nous devons tous faire de notre mieux durant cette vie.

Le karma est une des plus anciennes doctrines en ce monde. Le fait qu'il soit encore accepté par plus de la moitié de la population mondiale est dû à sa justice impartiale fondamentale. Ce que tu sèmes, tu le récolteras.

4

Rêver de vies antérieures

Tout ce que nous voyons ou croyons voir
N'est que rêve dans un rêve.

Edgar Allan Poe (1809-1849)

Mes étudiants me lancent des regards horrifiés dès que je laisse entendre qu'ils peuvent se réapproprier et revivre leurs vies antérieures dans leurs rêves. Ils disent : « On ne se souvient pas de nos rêves. Comment pourrait-on se souvenir de nos vies passées en y rêvant ? » Heureusement, vous pouvez apprendre à vous souvenir de vos rêves ; vous pouvez même diriger vos rêves de manière à ce qu'ils vous fournissent des renseignements utiles sur vos vies antérieures.

Les rêves sont les pensées, les sensations, les images et les émotions qui vous passent par la tête pendant votre sommeil. Ils font partie d'un état altéré de conscience dans lequel nous sombrons toutes les nuits. Vous passez en moyenne environ 20 pour cent de votre sommeil en état de rêve. Pour la majorité, cela représente une heure et demie par nuit[1].

Les rêves sont une partie essentielle de notre vie ; chaque nuit, nous faisons entre quatre et sept rêves. En moyenne, nous passons entre six et sept ans de notre vie à rêver. En fait, si nous ne pouvions pas rêver, nous serions très malades. Une recherche a démontré que les gens qui souffrent de dépression font moins de rêves que la normale. S'ils se remettent à rêver davantage – ce qui s'exprime par des mouvements plus rapides des yeux –, c'est un signe qu'ils prennent du mieux[2].

Les rêves ont fasciné le monde depuis la nuit des temps. Les recherches sur les rêves existent aussi depuis fort longtemps. Le premier livre sérieux écrit sur le sujet l'a été par le marquis Hervey de Saint-Denys, qui a essayé d'influencer ses propres rêves. Il jouait de la musique le soir, afin de stimuler certains types de rêves. Son livre *Les rêves et les moyens de les diriger,* a paru en 1867[3]. Malheureusement, il n'a pas été distribué à grande échelle. Sigmund Freud lui-même n'a jamais pu s'en procurer un exemplaire.

Il y a eu une percée significative en 1953, quand des chercheurs ont découvert que les mouvements rapides des yeux durant le sommeil indiquaient que la personne était en train de rêver. Lors de leurs premières expériences, les chercheurs avaient constaté que 20 personnes sur 27 se réveillaient alors que les mouvements de leurs yeux s'accéléraient. Par contre, seulement 4 personnes sur 23 se rappelaient leurs rêves lorsqu'on les réveillait alors que leurs yeux n'effectuaient pas de mouvements rapides[4].

Des milliers d'expérimentations ont été menées depuis. En moyenne, 80 pour cent des gens réveillés durant le sommeil paradoxal ou MOR (mouvements oculaires rapides) ont rapporté des rêves hautement visuels. Ceux que l'on avait réveillés à d'autres moments ont aussi rapporté des rêves entre 30 à 50 pour cent du temps, mais ils ne sont pas aussi visuels et ressemblent davantage à des pensées.

Lorsque vous vous réveillez naturellement après une nuit de sommeil, il y a de bonnes chances que vous ayez un vague souvenir d'un rêve. Cependant, dès que vous vous levez et commencez votre journée, ce souvenir disparaît rapidement.

Un journal réservé aux rêves est un outil fort utile pour conserver vos rêves. En vous réveillant, restez allongé dans votre lit quelques minutes et pensez à votre rêve. Bougez le moins possible. Pour une raison inconnue, il semble plus facile de se souvenir d'un rêve en restant dans la même position que pendant que vous rêviez. De cette manière, de plus en plus de détails vous reviendront à l'esprit, et vous vous souviendrez peu à peu de votre rêve. Allez-y doucement. Si vous avez une vague impression, ne vous efforcez pas de la rendre plus claire. Concentrez-vous sur les éléments dont vous pouvez vous souvenir et voyez si d'autres détails émergent.

Puis, quand vous vous sentirez prêt, notez tout ce dont vous pouvez vous souvenir. J'utilise un journal de rêves que je laisse sur ma table de chevet. Vous préférerez peut-être noter vos impressions sur une cassette, voire dessiner vos souvenirs. La méthode que vous utiliserez n'a pas d'importance, tant que cela vous semble facile et utile chaque fois que vous décidez de revoir vos rêves.

Un grand nombre de mes étudiants ont trouvé utile de commencer par écrire quelques mots ou quelques phrases clés. Ils se sont aperçus que le fait d'écrire quelques mots les aidait à clarifier leur rêve et leur facilitait la tâche quand venait le temps de le relater en entier par écrit.

Il est important d'écrire tous les détails qui vous reviennent en tête. N'élaborez pas et ne censurez rien. Il se peut que vous soyez surpris ou choqué de ce qui ressurgit. C'est sans importance. Transcrivez-le tel quel. Il arrive souvent qu'un rêve ne soit pas complet en soi, mais qu'il se découvre peu à peu au fil du temps. Si vous censurez des détails nébuleux dans votre journal de rêves, vous perdrez des données importantes qui pourraient prendre tout leur sens plus tard. Évidemment, vous devrez conserver le journal de vcs rêves en lieu sûr. Si nécessaire, gardez-le dans un tiroir verrouillé.

Naturellement, rien de tout cela ne fonctionnera si vous vous réveillez en panique et que vous vous levez d'un bond pour courir au travail. Si c'est le cas, vous devrez programmer votre réveille-matin pour qu'il sonne dix minutes plus tôt. Cela vous donnera assez de temps pour réfléchir à vos rêves et les écrire. Vous pourriez aussi vous concentrer pour vous remémorer vos rêves durant le week-end, ou à n'importe quel autre moment où vous n'avez pas besoin de réveille-matin pour vous sortir du lit.

Une autre méthode consiste à dicter vos rêves à une personne de confiance. C'est ce qu'a fait la célèbre écrivaine Joan Grant. Elle avait découvert que plusieurs de ses rêves concernaient sa vie dans une incarnation antérieure et s'était exercée à se lever plusieurs fois par nuit pour noter ce à quoi elle avait rêvé. Plus elle le faisait, plus ses rêves devenaient importants, et son mari avait fini par les écrire à sa place. Il est toutefois devenu très inquiet quand elle a décidé de les publier, car il ne voulait pas que les gens sachent que sa femme croyait à la réincarnation. Le premier livre de Joan Grant, *Le pharaon ailé*, a paru en 1937 et est devenu un best-seller. Sans surprise, il a aussi marqué la fin de son premier mariage. Bien que nul, à l'époque, n'ait été au courant, *Le pharaon ailé* est l'histoire d'une des vies antérieures de Joan.

En tout, elle a publié sept romans historiques qui étaient en réalité des comptes rendus de ses vies antérieures[24].

Il y a d'autres choses que vous pouvez faire pour raviver les souvenirs de vos rêves. Vous vous rappellerez plus facilement vos rêves le matin venu, si vous avez eu une bonne nuit de sommeil. Si vous vous couchez très tard ou immédiatement après un repas copieux, il y a de bonnes chances que vous ne vous souveniez pas de vos rêves. Même chose si vous allez au lit après avoir abusé d'alcool ou de drogues. Vous aurez plus de chances de vous souvenir de vos rêves si vous allez au lit alors que vous êtes calme et détendu.

Au moment de sombrer dans le sommeil, dites-vous que vous vous souviendrez de vos rêves en vous réveillant. Un truc aussi simple peut faire une grande différence dans le nombre de rêves qui ressurgiront à votre réveil. C'est que nous avons plus de chances de nous rappeler une chose qui nous importe qu'une chose sans importance. Si vous prenez vos rêves au sérieux, votre capacité à vous en souvenir s'améliorera rapidement.

Tous les gens que je connais qui ont essayé ce truc ont augmenté leur capacité à se souvenir de leurs rêves. Plutôt que d'avoir une vague impression qui disparaît aussitôt, des détails précis et une image beaucoup plus nette leur reviennent en tête. Cela n'est pas étonnant, puisqu'ils ont joué un rôle actif et positif afin de se rappeler leurs rêves à leur réveil.

Si vous vous réveillez le matin sans aucun souvenir de vos rêves, restez calmement étendu, les yeux fermés, pendant quelques minutes. Pensez à votre besoin de vous souvenir de vos rêves et voyez quels détails ressurgissent. Parfois, un rêve oublié vous reviendra en tête, alors que vous êtes allongé dans votre lit en attendant tranquillement qu'il refasse surface. Il est important de simplement permettre que cela se produise. Vous échouerez si vous tentez d'obliger un rêve à remonter à votre conscience. Les rêves sont furtifs et ne réagissent pas à la pression. C'est merveilleux lorsqu'un rêve revient de cette manière, mais ne vous en faites pas si cela ne se produit pas. Levez-vous quand vous vous sentirez prêt et amorcez votre journée. Continuez à croire que vous vous souviendrez de vos rêves le lendemain matin.

Faites ce genre d'exercice pendant environ deux semaines, avant de tenter un rêve qui vous donne accès à une de vos vies antérieures. Vous trouverez l'expérience gratifiante, pénétrante, et d'une fascination infinie.

Feu D. Scott Rogo a écrit un livre sur les vies antérieures intitulé *The Search for Yesterday : A Critical Examination of the Evidence for Reincarnation.* Pour mener sa recherche, il a placé une annonce dans les magazines, où il demandait aux gens qui avaient fait des retours sur leurs vies passées, sans l'aide de régression technique, d'entrer en contact avec lui. Il a découvert que dans la majorité des cas crédibles, ces gens avaient visité leurs vies antérieures en rêvant.

Quand vous aurez une certaine expertise pour vous souvenir de vos rêves, vous pourrez faire l'expérience de rêves reliés à vos nombreuses vies antérieures. Cela est plus facile que vous ne pouvez l'imaginer.

Au moment de vous coucher, dites-vous que vous ferez un rêve ayant trait à une de vos vies antérieures et que vous vous en souviendrez au réveil. Pensez à votre désir de vous souvenir de vos vies passées, puis répétez-vous que vous rêverez d'une de ces vies. Au matin, vous vous en souviendrez.

Si l'expérience précédente pour vous souvenir de vos rêves a été un succès, vous aurez toutes sortes d'impressions en tête en vous réveillant après celle-ci. N'essayez pas de les analyser tout de suite. Laissez-les flotter dans votre conscience et former des images ou des impressions. Si vous restez calmement allongé et que vous laissez le processus suivre son cours, toutes sortes d'autres idées surgiront.

Ensuite, le plus tôt possible, notez tout ce dont vous vous souvenez.

Il est possible que vous n'ayez aucun souvenir des rêves que vous avez faits, le matin venu. C'est peu probable si vous aviez déjà réussi à vous rappeler plusieurs de vos rêves, mais cela peut se produire. Ne vous inquiétez pas. Si nécessaire, essayez de nouveau le lendemain soir, et encore le surlendemain. Si vous continuez à faire l'exercice avec un esprit positif, vous retrouverez des souvenirs de vos vies antérieures.

Analyser les résultats

Cela peut prendre plusieurs nuits avant qu'une image complète n'émerge. C'est pourquoi il est important de noter tout ce qui vous revient en mémoire, même si cela ne semble pas concorder avec le reste de l'information que vous avez obtenue. Il arrive parfois que la même information vous parvienne plusieurs nuits de suite. En l'examinant soigneusement, vous y découvrirez chaque fois de nouveaux détails.

Il y a quelques années, j'ai parlé des rêves de réincarnation à la radio. Quelques semaines plus tard, un couple qui avait essayé la technique et découvert que cela fonctionnait m'a contacté. Ces gens étaient très excités d'avoir réussi, mais quelque chose les préoccupait. Gladys, la femme, avait revu une vie antérieure en entier, un peu comme si elle avait visionné un film ou lu un livre d'histoires. Quant à Bill, son mari, il avait eu droit à des aperçus très alléchants de différentes scènes qui n'avaient pris leur sens qu'au bout de plusieurs nuits. Cela leur avait semblé injuste que l'un d'eux revoie la totalité de sa vie antérieure, alors que l'autre n'avait vu que des bribes de son histoire.

C'est que nous avons tous des schèmes de pensée différents. Conséquemment, nos méthodes mnémotechniques diffèrent aussi. Je comprenais la frustration de Bill, car il lui a fallu plusieurs nuits pour obtenir la somme des données que Gladys avait reçue en une seule nuit. De plus, les souvenirs de Gladys étaient parfaitement formés et complets, alors que Bill avait dû tout recueillir et reconstituer morceau par morceau. Mais, au bout du compte, le temps qu'il vous faut pour retrouver des souvenirs depuis longtemps enfouis est sans importance, du moment qu'ils vous reviennent.

Les souvenirs de Bill étaient intéressants à plusieurs points de vue. Après la première nuit, il s'était réveillé en tremblant, avec une forte impression d'une baïonnette et d'un casque allemand militaire. Il ignorait totalement s'il était un soldat allemand ou s'il était attaqué par un soldat allemand. Mais il avait pensé que la dernière impression était peut-être la bonne, car il s'était réveillé la peur au ventre.

Le lendemain matin, aucun indice semblable ne lui était revenu en mémoire. Il se rappelait une scène familiale paisible. Lui, sa femme, et deux jeunes enfants prenaient le petit-déjeuner dans une cour arrière surplombant un grand fleuve tranquille. Il y avait un château sur la rive opposée. Bill s'était dit que ce fleuve devait être le Rhin.

Dans son rêve de la troisième nuit, Bill se tenait à un comptoir, et des individus l'abordaient et le malmenaient. Apparemment, il ne pouvait rien faire pour les arrêter, alors il s'était effondré en pleurant. Il croyait avoir revu la baïonnette, mais il n'en était pas certain.

La quatrième nuit, Bill s'était vu à des funérailles. Sa femme et sa fille étaient à ses côtés. Il avait compris qu'il assistait aux obsèques de son fils cadet. Après les funérailles, la famille avait marché jusqu'à la maison, et il s'était aperçu dans le miroir. Il portait un uniforme militaire et a alors constaté qu'il était un officier de l'armée allemande. Le lendemain matin, Bill s'était réveillé sans image nette dans la tête, mais il avait compris que sa femme dans sa vie antérieure était sa fille dans sa vie actuelle.

Dans son rêve de la nuit suivante, il s'était remémoré une réunion tactique avec le Kaiser Wilhelm. Il y avait de nombreux autres officiers, dans la pièce, et Bill s'était rendu compte qu'il était un officier haut gradé de l'armée allemande. Il s'était réveillé avec un horrible pressentiment, car il savait qu'ils avaient perdu la guerre.

Le septième matin, Bill s'était réveillé avec le souvenir très net d'être allongé sur un lit d'hôpital, à l'article de la mort. Sa femme et sa fille adulte étaient assises à son chevet. Sa fille était enceinte de plusieurs mois. Il voulait leur parler pour leur dire combien il les aimait, mais les mots ne passaient pas ses lèvres. Il pleurait des larmes de frustration que sa femme essuyait tendrement. Il restait étendu sur le lit, à les regarder et, tandis qu'il les regardait, l'image s'est peu à peu estompée. Soudain, tout ce qu'il pouvait voir, c'était l'obscurité, et il a compris qu'il venait de mourir.

Bill a pu mettre ces bribes de souvenirs en perspective seulement après le rêve final. « J'étais un homme sensible et aimant qui détestait la guerre, mais qui devait sa réussite à la guerre, m'a-t-il expliqué. J'aimais la beauté, et je suis convaincu que j'étais marchand d'œuvres d'art à cette époque. Je ne voulais pas me battre, mais j'avais été enrôlé contre ma volonté. J'en ai retiré des bénéfices financiers, car les gens que j'avais côtoyés pendant la guerre sont par la suite devenus mes clients. Ai-je été heureux, dans cette vie ? Difficile à dire. Il y a eu des moments où je me suis senti fier et comblé, mais la plupart du temps, j'avais honte de ce que je faisais. »

Je lui ai demandé s'il se sentait fier et comblé dans sa vie actuelle. Il a serré les mâchoires en réfléchissant à la question. « Je n'y ai jamais pensé avant, dit-il, mais je crois que la réponse est "oui". J'ai de solides valeurs morales et je n'ai rien fait dont je puisse rougir. Lorsque j'étais adolescent, je me souviens m'être éloigné de mes amis parce qu'ils s'apprêtaient à faire une chose que je trouvais mal, m'a-t-il dit en souriant. Peut-être ai-je appris quelque chose durant cette vie antérieure, après tout. J'ai fait toutes sortes de choses que je n'aurais pas dû faire. Je pourrais me justifier en disant que c'était la guerre, et que je n'avais pas le choix, mais est-ce vraiment le cas ? »

La vie antérieure de Gladys était beaucoup plus simple. Elle était fille unique d'une riche famille anglaise qui vivait dans le sud-est de l'Angleterre au XIXe siècle. Elle avait reçu une dot de ses parents et avait épousé le fils aîné des meilleurs amis de sa famille. C'était un mariage heureux et ils avaient eu sept enfants. Elle avait survécu à toute sa famille et se voyait sur son lit de mort, entourée de ses petits-enfants, qui tous l'aimaient. « C'était certainement une belle vie, m'a-t-elle confié. Sans grands événements, voire ennuyeuse, mais j'ai toujours été entourée d'amour. »

« Comment cela s'insère-t-il dans votre vie actuelle ? »

Gladys a regardé son mari. « Bill et moi en avons beaucoup discuté. Je pense que dans ma vie antérieure, j'étais égocentrique et que je ne pensais jamais à ceux qui avaient eu moins de chance que moi. Dans cette vie, j'ai toujours de la chance avec mes amis et ma famille, mais je consacre davantage de temps à des œuvres caritatives. » Même si Gladys et Bill ont appris de leurs vies antérieures chacun à sa façon, ils ont tous les deux trouvé que cela les avait aidés à répondre aux questions qu'ils se posaient dans leur vie actuelle.

Gladys et Bill souhaitaient approfondir leur exploration de leurs vies passées. Il y a deux façons d'y arriver à l'aide des rêves. La première consiste à poursuivre sur la même lancée. Lorsqu'ils se couchent le soir, ils doivent se dire à eux-mêmes qu'ils retourneront dans telle vie antérieure en vue d'en savoir davantage. L'autre méthode consiste à explorer leurs vies antérieures à l'aide de rêves lucides. (Il y a aussi une troisième méthode dont nous parlerons plus loin dans ce chapitre.)

Le rêve lucide

Un rêve lucide est celui dans lequel vous êtes conscient que vous rêvez. La plupart des gens connaissent déjà la sensation de prendre conscience de rêver, mais habituellement, le rêve prend fin et la conscience se rendort. Vous pouvez tout de même, dans cette situation, permettre volontairement à votre conscience d'orienter votre rêve. Dès que vous maîtrisez votre rêve, vous pouvez l'amener là où vous voulez.

Edgar Cayce a fait un rêve extraordinairement lucide durant la Première Guerre mondiale. La femme d'Edgar, Gertrude, avait accouché d'un garçon, le deuxième, en 1910. Hélas, le bébé avait vécu seulement deux mois. Quelques années plus tard, Edgar a rêvé qu'il avait rencontré quelques-uns de ses élèves de l'école du dimanche qui avaient été tués pendant la guerre et qu'il leur avait parlé. Tandis qu'il rêvait, Edgard a pensé que s'il avait pu voir ces jeunes soldats malgré le fait qu'ils étaient morts, il devait bien exister une façon de voir son fils. Il s'était retrouvé instantanément parmi une foule de bébés, dont l'un était son fils, souriant. Ce rêve avait apaisé la peine du père qui, par la suite, a été en mesure d'aller de l'avant dans sa vie[5]. C'est un exemple frappant de la grande utilité des rêves lucides.

Il y a de nombreuses choses que vous pouvez accomplir pour augmenter vos chances de faire des rêves lucides.

Première étape : se préparer

Avant de vous endormir, dites-vous que vous allez faire un rêve lucide. Il est important de vous dire cela d'une façon désinvolte, presque détachée. Vous pourriez vous dire : « *Cette nuit, je vais prendre conscience que je suis en train de rêver et je rêverai de* [ce que vous désirez connaître]. » Si vous insistez trop pour faire un rêve lucide, vous risquez fort d'être déçu.

Décidez d'une certaine action que vous accomplirez dans ce rêve lucide. Cela peut être n'importe quoi. Pour commencer, optez pour quelque chose de simple. Plus tard, vous pourriez décider de rendre visite à un ami ou à un parent.

Deuxième étape : entrer dans un rêve lucide

Si vous vous réveillez en pleine nuit et que vous sentez que vous allez vous rendormir aussitôt, dites-vous que vous allez faire un rêve lucide.

Si vous rêvez souvent d'un objet ou d'un événement, dites-vous que la prochaine fois que cette situation se présentera, vous serez immédiatement à l'affût de votre conscience et que vous serez capable de faire un rêve lucide.

Faire un rêve lucide est une des choses les plus excitantes qui puissent vous arriver. Il n'y a pas de limites aux voyages et aux choses que vous pouvez faire. Par exemple, vous pouvez aller et venir dans le temps, visiter d'autres planètes, ou voir la vie de parents qui vivent dans une autre partie du monde. Vous pouvez aussi explorer vos vies passées avec plus de détails qu'avec n'importe quelle autre méthode.

Troisième étape : retourner dans une vie antérieure

Quand vous prendrez conscience que vous faites des rêves lucides, dites-vous de retourner dans une de vos vies antérieures et voyez où l'expérience vous mène. (Naturellement, si vous connaissez certaines de vos incarnations précédentes, vous pourrez retourner à l'une d'elles si vous le désirez.)

Vous pouvez aller et venir dans cette vie passée comme vous pouvez le faire mentalement dans votre vie actuelle. Pendant que vous ferez l'expérience de cette vie antérieure, voyez si vous pouvez découvrir quel était votre objectif prioritaire durant cette vie. Voyez ce que vous aimiez faire, ce qui était important pour vous, ce que vous faisiez pour gagner votre vie, et tout ce qui vous vient à l'esprit.

L'avantage des rêves lucides, c'est que vous pouvez vous rapprocher autant que vous le désirez de tout événement ou expérience. Si une chose vous semble douloureuse ou émotionnelle, vous pouvez l'observer à distance. Si vous le souhaitez, vous pouvez même vous en éloigner tout à fait. De même, vous pouvez vous approcher de plus en plus d'occasions joyeuses et heureuses et les revivre exactement comme la première fois.

Quatrième étape : revenir au présent

Vous restez conscient que vous faites un rêve lucide et que vous pouvez revenir au présent quand vous le voulez. Malheureusement, vous reviendrez parfois au présent bien avant d'être prêt à revenir. Souvent, lorsqu'un événement vous semblera douloureux, dangereux, trop émotionnel ou traumatisant, vous aurez l'impression d'être brusquement ramené au présent. C'est votre instinct de survie qui se met à l'œuvre pour vous protéger. Cela arrivera parfois quand vous vous y attendrez le moins, et cela peut être très ennuyeux.

Restez calme si cela se produit. Allongez-vous calmement dans votre lit et voyez si vous pouvez retourner dans votre vie antérieure. Vous sentirez souvent que vous retournez à votre rêve lucide et que vous pouvez poursuivre votre exploration. Pour moi, la meilleure manière de le faire est de penser au cadre de cette vie antérieure. Très souvent, en pensant aux immeubles, aux arbres et à d'autres objets environnants, je retourne dans le même rêve et j'en reprends le cours là où je l'avais laissé.

D'autres fois, vous vous rendormirez tout simplement. On n'y peut rien. Profitez de votre sommeil et dites-vous bien que vous vous souviendrez de votre rêve lucide au réveil.

Cinquième étape : noter le rêve lucide
Prenez note de l'expérience en vous réveillant le matin, et retournez dans votre vie passée la nuit suivante. Ce faisant, vous monterez peu à peu un dossier complet de vos nombreuses vies antérieures.

Il faut de la pratique pour faire des rêves lucides. Je crois que tout le monde peut y arriver, mais même des praticiens doués trouvent difficile de faire des rêves lucides sur demande. Heureusement, il y a aussi les rêves conscients.

Le rêve conscient

Le rêve conscient est similaire au rêve lucide. En fait, un rêve conscient se changera souvent en rêve lucide. Dans un rêve lucide, vous prenez conscience que vous rêvez, puis vous faites en sorte de diriger votre rêve. Dans le rêve conscient, vous êtes réveillé et vous dirigez vos pensées vers l'objectif que vous visez.

Couchez-vous à l'heure habituelle, fermez les yeux et détendez-vous. Il est important de ne pas être épuisé et de ne pas avoir consommé trop de nourriture ou de boissons. Pensez à votre désir d'explorer une de vos vies antérieures. Laissez différentes pensées circuler dans votre tête. Évitez toute pensée négative. Si vous vous surprenez en train d'avoir ce genre de pensées, attendez qu'elles disparaissent. Dites-vous que vous vous en occuperez demain et que vous avez mieux à faire.

Quand vous vous sentirez complètement détendu, pensez aux différents événements qui se sont produits dans votre vie et visualisez votre entourage tel qu'il vous apparaît. Vous pourriez choisir des événements qui se sont produits alors que vous étiez loin de chez vous et que tout ce qui vous entourait était plus exotique que d'habitude. Chaque fois que je fais cet exercice, je pense systématiquement à ma visite au temple de Poséidon, à Sounion, près d'Athènes. Peu importe l'événement auquel vous pensez, du moment que c'est un événement positif et que vous pouvez visualiser les alentours. Retournez aussi loin que vous le pouvez dans votre vie. Si vous faites tout le trajet à rebours jusqu'à votre enfance et que rien n'entraîne une réaction dans votre tête, cessez de vous concentrer sur votre entourage et focalisez-vous plutôt sur les visages, les sons et les impressions qui vous viennent à l'esprit.

Vous vous apercevrez peut-être qu'une scène en particulier attire votre attention plus que les autres. Si c'est le cas, concentrez-vous sur cette scène et voyez où cela vous mène. Vous constaterez peut-être que cela vous transporte dans un rêve lucide en lien avec une vie antérieure. Si vous croyez que cela ne vous mène nulle part, laissez tomber et revenez au présent. Parfois, ce genre de rêve conscient vagabonde pendant un moment puis, assez soudainement, vous êtes littéralement happé dans un rêve lucide ayant trait à l'une de vos vies antérieures.

Très souvent, vous sombrerez dans le sommeil avant que ce rêve conscient ne vous mène jusqu'à un rêve lucide. Toutefois, en vous réveillant le matin, vous vous souviendrez probablement très clairement d'événements qui se sont produits durant une vie antérieure.

Voici une autre méthode que vous voudrez peut-être essayer. Il s'agit d'une forme de yoga tibétain des rêves qui facilite les rêves conscients. Étendez-vous sur le côté, genoux légèrement repliés. Fermez les yeux et pensez à votre objectif d'entrer dans un état de rêve. Visualisez une fleur de lotus d'un beau bleu vif dans votre gorge. Imaginez qu'elle s'ouvre lentement et observez une lumière d'une incroyable blancheur émergeant de son centre. Sentez cette lumière blanche vous pénétrer et vous entourer peu à peu de protection, de paix et de sérénité. Tandis que le lotus s'ouvre lentement, entendez le mantra *om* répété sans arrêt dans votre tête.

Demeurez simplement conscient de la beauté de la fleur de lotus, de la lumière blanche et du son du mantra. Respirez lentement et profondément, restez conscient et dans l'attente de quelque chose. Très vite, vous vous rendrez compte que vous rêvez, même si vous êtes encore éveillé. Abandonnez-vous à votre rêve et voyez où il vous mène. Si nécessaire, guidez-le doucement vers une de vos vies antérieures[6].

Le rêve éveillé conscient

Vous pouvez également réaliser une forme de rêve éveillé conscient pendant que vous êtes éveillé. C'est la troisième méthode à laquelle j'ai fait allusion plus tôt. Il s'agit d'une forme de rêve éveillé.

Première étape : se préparer

Vous aurez besoin d'au moins une demi-heure, plus de préférence, pour cet exercice. Assoyez-vous calmement dans un endroit où vous ne serez pas dérangé, fermez les yeux et prenez de profondes inspirations.

Deuxième étape : penser à des souvenirs de vies antérieures

Pensez aux souvenirs de vies antérieures qui vous sont revenus dans vos rêves. Prenez votre temps. Remémorez-vous ces souvenirs aussi complètement et clairement que possible.

Troisième étape : demander plus de renseignements

Quand vous aurez terminé l'étape deux, voyez si vous pouvez découvrir d'autres souvenirs de votre vie passée. Il n'est pas nécessaire de forcer les résultats ; restez détendu. Rêvez éveillé et voyez ce qui vous vient en tête. Très souvent, vous pourrez reprendre votre rêve là où il s'était arrêté. Ramenez vos souvenirs aussi loin que vous le pouvez.

Quatrième étape : revenir au présent

Cessez l'exercice lorsque vous sentez que vous avez appris tout ce qu'il était possible d'apprendre dans cette séance, ou quand vos rêves éveillés se mettent à aller dans des directions qui n'ont rien à voir avec votre vie antérieure. Pour retrouver votre pleine conscience en douceur, faites cinq respirations profondes avant d'ouvrir les yeux.

Cinquième étape : noter les découvertes

Écrivez tout ce qui vous revient en mémoire aussitôt que possible une fois l'exercice terminé. La plupart des gens ont tendance à penser qu'ils se souviendront de tout ce qui est arrivé durant une de ces séances. Malheureusement, les souvenirs s'estompent souvent très rapidement.

Apprendre à diriger vos rêves et à vous en souvenir est une façon particulièrement efficace de retrouver des souvenirs de vos vies antérieures depuis longtemps enfouis. Quelques-uns trouvent que c'est une manière facile de se rappeler leurs vies passées, alors que d'autres doivent persévérer pour obtenir des résultats satisfaisants. Mais, outre le désir de retrouver ses vies antérieures, le travail du rêve est utile pour atteindre de nombreux autres objectifs. Il peut vous aider à mieux vous comprendre, vous donner un aperçu de l'avenir, vous permettre de capter des intuitions et des mises en garde, et de prendre votre vie en main. Jules César était très conscient de cela : il a franchi le Rubicon à cause d'un rêve. Tous les efforts que vous ferez pour vous souvenir de vos rêves en vaudront la peine.

L'expérience de Joanna

Joanna était venue me voir dans l'espoir de trouver une solution aux rêves troublants qu'elle faisait. Joanna avait 52 ans et avait été mariée deux fois. Son premier mariage avait été désastreux et son second mari était mort lors d'un voyage de pêche plusieurs années avant que je la connaisse.

« Je crois que je me suis très bien remise de la mort de Frank, m'a-t-elle dit lors de notre première rencontre. Nous étions très proches, et cela m'avait accablée, mais, comme on dit, le temps est un grand guérisseur, et la vie continue. »

Joanna et Frank étaient propriétaires d'une petite entreprise de distribution, et après sa mort, elle avait mis toutes ses énergies dans cette affaire. L'entreprise avait prospéré, et elle l'avait vendue un an plus tôt, pour une grosse somme d'argent.

« Je suis libre de faire tout ce que je veux, m'avait-elle affirmé. Le seul problème, c'est que je n'ai pas la moindre idée de ce que je veux. »

Puis, elle m'avait parlé de ses rêves. Depuis trois mois, nuit après nuit, elle se réveillait très tourmentée. « C'est comme si quelqu'un essayait de m'étrangler. J'ouvre les yeux et je vois ce visage brun terrifiant qui me fixe. Ses yeux sont remplis de haine et de menace. Ensuite, je me réveille et je n'arrive plus à me rendormir. »

« Reconnaissez-vous le visage ? » ai-je demandé.

Joanna a fait signe oui. « Il me dit vraiment quelque chose, mais je n'arrive pas à le reconnaître. C'est un mystère. »

On aurait dit que Joanna se souvenait partiellement d'une vie antérieure. C'est le genre d'information qui serait revenu involontairement si Joanna avait été étranglée dans une vie antérieure. Les expériences traumatisantes créent un effet indélébile sur le mental. C'est d'ailleurs pour cette raison que bien des gens se souviennent de leur mort dans une vie antérieure.

J'ai suggéré à Joanna d'essayer d'orienter le rêve plutôt que de se réveiller. Autrement dit, je lui suggérais de le changer en rêve lucide. Bien que Joanna ait fait le même rêve toutes les nuits, l'expérience était si terrifiante qu'il lui a fallu plusieurs semaines pour en venir à bout. Lorsqu'elle a réussi, elle avait très hâte de me le raconter.

« J'ai fait ce que vous m'aviez suggéré, m'a-t-elle dit. Je me suis dit que je rêvais et que je pourrais suivre le rêve en amont ou en aval. J'ai commencé par aller en amont. Mon mari se prénommait Gérard, mais il était Frank, si vous voyez ce que je veux dire. Nous possédions une petite ferme. Nous l'avions bâtie à partir de rien ; elle était très modeste, mais nous en étions fiers. J'étais enceinte et je vivais une grossesse difficile, mais Gérard ne se plaignait jamais. La vie était dure, mais nous savions que les choses allaient s'améliorer quand nous aurions des enfants pour nous aider.

« Nous avions des voisins à un kilomètre de chez nous. J'aimais bien Millie, mais je ne supportais pas son mari, Joël. Sa façon de me regarder me donnait la chair de poule. C'était évident qu'il me déshabillait des yeux.

« Gérard et Joël avaient l'habitude d'aller en ville ensemble pour se procurer les provisions. Cela leur prenait trois jours. Je me rappelle avoir eu un pressentiment étrange un matin, alors qu'ils se préparaient à partir. Joël salivait presque en me regardant et j'étais contente de les voir s'en aller. C'est alors que je me suis mise à avoir peur. Ce n'était pas nouveau. J'étais toujours inquiète quand Gérard s'en allait, et maintenant, à cinq mois de grossesse, j'étais plus inquiète que jamais. J'ai mal dormi la première nuit. La nuit d'après, j'étais si fatiguée que je me suis endormie très vite. C'est une odeur d'alcool qui m'a réveillée. Ensuite, j'ai senti de grosses mains autour de mon cou. J'ai ouvert les yeux et je me suis débattue ; Joël était sur moi. J'ai hurlé et j'ai tenté de lui échapper. C'était peine perdue de crier, puisque personne ne pouvait m'entendre, mais je ne pouvais pas bouger, et ses mains se baladaient partout sur mon corps. J'ai réussi à le mordre ; j'ai encore le goût du sang dans la bouche. Cela l'a énervé, et il m'a frappée à plusieurs reprises. Puis, il m'a étranglée. »

À la fin de son histoire, Joanna m'a fait un demi-sourire. « Tout cela n'est pas revenu en une seule nuit, m'a-t-elle expliqué. C'était trop horrible. Mais, morceau par morceau, j'ai réussi à reconstituer toute l'histoire. »

« Faites-vous encore ce rêve ? » ai-je demandé.

Joanna a la tête. « On dirait qu'il a disparu, mais je sais comment le dominer, maintenant. Je fais avancer le rêve plus loin. Je vois deux tombes en bois côte à côte. Celle de Gérard et la mienne. »

« Et Joël ? »

Joanna a hoché la tête. « Je ne sais pas ce qui lui est arrivé. Un jour, je le saurai. Elle a ri. Ce que je sais, c'est que Frank et moi étions ensemble avant, et que nous serons à nouveau ensemble dans le futur. Je n'ai plus aucun doute là-dessus. »

5

Le lointain souvenir

Notre naissance n'est qu'un sommeil et un oubli;
L'âme qui se lève avec nous, étoile de notre vie,
A pris ailleurs son départ
Et vient de bien loin.
Ce n'est pas dans un oubli complet
Ni dans une nudité totale
Mais en traînant des nuées de gloire, que nous venons
De Dieu, qui est notre foyer.

William Wordsworth (1770-1850)

Il y a plus de vingt ans, un de mes amis m'a parlé de cette méthode qui sert à se réapproprier ses vies antérieures. Stephen avait dans les 80 ans et souffrait d'insomnie. Il se couchait fatigué, mais des heures plus tard, il tournait encore dans son lit, totalement incapable de s'endormir.

Pour combler ces longues heures d'insomnie, Stephen s'était mis à revoir sa vie à rebours, en tentant de s'en souvenir autant que possible. Il avait fini par remonter jusqu'à sa petite enfance, à l'extrémité est de Londres, et s'était vu dehors, en train de faire des courses avec sa mère. Il s'était rendu compte, avec la pratique, qu'il était capable de se rappeler le nom de toutes les boutiques de la rue. Stephen était ravi de découvrir que sa mémoire était à peu près parfaite et qu'il pouvait facilement voir la rue et toutes les boutiques par son œil mental.

Un soir, Stephen a essayé de remonter encore plus loin. Il s'est retrouvé bébé, pleurant dans les bras de sa mère. Elle courait, et instinctivement, Stephen avait compris qu'elle le transportait à l'hôpital. Apparemment, il avait failli mourir et il serait mort si sa mère ne s'était pas précipitée à l'hôpital. Malgré le fait qu'il n'avait pas plus d'un an, Stephen avait eu une expérience de mort imminente.

« Je ne me le rappelle pas consciemment, m'a-t-il dit. Mais c'était tellement fort de revoir cette expérience mentalement. J'avais failli mourir et si j'avais survécu, c'était uniquement grâce à ma mère. Pas étonnant que maman m'ait toujours surnommé son "petit miraculé". »

Stephen était fasciné de découvrir qu'il pouvait se souvenir d'événements qui s'étaient produits quand il avait seulement un an. Il est retourné plusieurs fois jusqu'à cet incident, jusqu'à ce qu'il décide de voir s'il pourrait remonter plus loin encore.

« J'ai senti une chaleur et une sensation de paix et de confort, m'a-t-il raconté. Je pensais que je retournerais peut-être dans l'utérus. Mais soudain, j'étais un adulte et j'étais terrifié. » Stephen avait écarquillé les yeux en me racontant cette histoire. « J'étais tellement sous le choc que je suis revenu au présent. Mon lit était mouillé de sueur et mon cœur pompait comme si j'avais fait une course à obstacles. »

Malgré la terreur qu'il avait ressentie, Stephen se sentait attiré par cette scène. Un soir ou deux plus tard, il est retourné jusqu'au moment où il était dans l'utérus, puis de nouveau, il s'est soudainement retrouvé jeune homme, vêtu de haillons et se cachant dans un marais pour échapper aux hommes et aux chiens qui le poursuivaient.

« J'avais la bouche sèche et le cœur qui battait à tout rompre. J'entendais les chiens qui se rapprochaient, mais j'étais épuisé. J'avais couru comme un fou, mais je n'arrivais plus à courir. L'odeur du marais était oppressante, mais je me suis étendu tandis que les chiens avançaient le long de la rive. J'étais sûr qu'ils m'avaient repéré, mais ils ont poursuivi leur chemin, et très vite, tout est redevenu silencieux. J'étais dans une position inconfortable et mon estomac s'était mis à gargouiller, mais je suis resté là, dans le marais, jusqu'à la tombée de la nuit. Quand je me suis relevé, il faisait froid et j'étais trempé et figé dans la boue et la saleté.

« Je ne savais pas quoi faire. Je suis entré dans le bois et me suis assis sous un arbre, écoutant les bruits de la nuit, tandis que le froid s'insinuait lentement dans tout mon corps. J'ai attendu, sachant ce qui allait se produire. Je crois que j'ai souri quand mon esprit a quitté mon corps. »

Stephen n'avait jamais montré aucun intérêt pour la réincarnation et la possibilité d'avoir déjà vécu auparavant l'intéressait plus ou moins. Néanmoins, il était obsédé par le jeune homme dont il se rappelait le dernier jour de façon aussi nette et précise. Maintenant, il avait hâte d'aller au lit, parce que chaque nuit, il en apprenait un peu plus sur cette personne qu'il avait été dans sa vie antérieure. Il noircissait des cahiers de notes avec tous les détails dont il pouvait se souvenir, et prévoyait écrire un livre au sujet de sa dernière vie. Un jour, Stephen m'a téléphoné pour me dire, très excité, qu'il avait acheté un ordinateur afin d'écrire son livre. Hélas, il est mort quelques semaines plus tard, laissant derrière lui des dizaines de cahiers de notes à peu près impossibles à lire.

Stephen avait peu à peu acquis la conviction qu'il se souvenait d'une vie antérieure. Il trouvait le concept de la réincarnation pour le moins troublant, car il se disait : « Une fois est bien assez pour chacun de nous. » Nous avions des discussions fascinantes, sur le sujet, et je l'encourageais continuellement à remonter encore plus loin et à voir combien de vies antérieures il pourrait se remémorer. Stephen ne l'a jamais fait, parce qu'il était trop fasciné par la vie antérieure qu'il avait découverte.

J'ai appris, grâce à l'expérimentation de Stephen, qui avait d'abord eu pour but de combler ses heures d'insomnie, que l'on se souvient de bien plus que ce que l'on croit.

La technique du lointain souvenir

La mémoire lointaine, que plusieurs utilisent pour connaître leurs vies passées, est une méthode plus complexe qu'il n'y paraît. Bien que la technique puisse paraître simple en soi, il faut beaucoup de répétition pour y arriver. Mon ami Stephen a passé plusieurs mois à se souvenir d'incidents de sa vie actuelle, avant de retourner accidentellement dans une existence précédente. Il est donc bon de prévoir plusieurs séances pour voir jusqu'où vous pouvez remonter dans cette vie, avant de retourner dans une vie antérieure.

Première étape : s'installer confortablement

Mettez-vous à l'aise. Peu importe où vous faites l'exercice, du moment que vous êtes confortablement installé dans une pièce bien chauffée. Durant les mois d'été, j'aime expérimenter mes souvenirs lointains à l'extérieur. Mais, d'habitude, je m'allonge sur mon lit ou je m'assois dans un fauteuil confortable. Peu importe l'endroit que vous choisirez, il est important que vous ne soyez pas interrompu. Certains préfèrent faire cette expérience dans leur lit le soir.

Deuxième étape : respirer profondément

Fermez les yeux et respirez profondément à plusieurs reprises ; respirez lentement et en profondeur. Inspirez en comptant tout bas jusqu'à cinq, retenez votre souffle en comptant encore une fois jusqu'à cinq, puis expirez rendu à huit.

Troisième étape : se détendre

Détendez-vous autant que possible. Cela pourrait vous aider de vous répéter : « *Je suis complètement détendu. Je suis complètement détendu.* »

Quatrième étape : visualiser une scène importante d'un passé récent

Visualisez un événement important qui est arrivé dans votre vie au cours des dernières années. Les gens voient les choses sous différents angles. Si vous êtes visuel, vous verrez l'événement clairement dans votre tête. Toutefois, l'exercice est tout aussi valable si vous entendez, touchez ou sentez l'expérience. Cela veut tout simplement dire que vous êtes un auditif ou un kinésique, et que vous faites l'expérience d'un événement donné d'une manière qui vous est propre.

Vu leur intensité, les odeurs sont extrêmement efficaces pour retourner dans vos vies antérieures. Les senteurs ont une incroyable force d'évocation. Des six sens, l'odorat est le seul à passer d'abord dans le système limbique, soit la partie du cerveau qui serait le centre de la mémoire, des émotions et de l'instinct de conservation.

Cinquième étape : visualiser une scène plus ancienne

Quand cet événement important vous sera parfaitement revenu à l'esprit, oubliez-le et laissez-vous glisser jusqu'à un événement qui est survenu beaucoup plus tôt dans votre vie. L'âge que vous aviez à ce moment-là est sans importance, du moment que vous remontez plus loin dans le temps.

Sixième étape : répéter l'étape cinq plusieurs fois
Quand vous aurez parfaitement réussi à visualiser l'événement, oubliez-le et remontez encore plus loin. Continuez ainsi jusqu'à ce que vous soyez remonté aussi loin que cela est possible dans le cours de cette existence. Que vous soyez âgé de 10 mois, de 10 ans ou de 20 ans, cela ne fait aucune différence.

Septième étape : remonter aussi loin que possible
Maintenant que vous êtes remonté aussi loin que vous le pouviez, pensez à votre désir de retourner dans une de vos vies antérieures, puis voyez si vous pouvez reculer encore davantage. Vous avez maintenant trois possibilités : vous pouvez retrouver une expérience encore plus lointaine dans votre vie actuelle; vous pouvez retourner dans une vie antérieure; mais il se peut aussi que rien ne se produise.

Huitième étape : explorer une vie antérieure
Si vous êtes remonté à un événement passé de votre vie actuelle, répétez l'étape sept autant de fois que nécessaire, jusqu'à ce que vous vous retrouviez dans une vie antérieure. Quand vous y serez, familiarisez-vous avec la scène dans laquelle vous vous trouvez et explorez-la. Si rien ne se produit et que vous n'arrivez pas à retourner dans une vie passée ou dans une scène plus ancienne de votre vie actuelle, revenez simplement au présent et répétez l'exercice dans quelques jours. Rares sont ceux qui réussissent à la première tentative. Aussi pourriez-vous avoir à répéter cet exercice plusieurs fois jusqu'à ce que vous vous retrouviez soudainement dans une vie antérieure. Voilà pourquoi c'est un bon exercice à

faire au lit le soir. Si vous n'arrivez pas à retourner dans une vie antérieure, vous êtes détendu et il se peut que vous vous endormiez, tout simplement. Mais, si vous retournez dans une vie antérieure, vous pourrez l'explorer aussi longtemps que vous le souhaitez, pour ensuite vous endormir.

Neuvième étape : retourner dans cette vie antérieure à volonté

Quand vous vous serez ressouvenu d'une vie antérieure, aussi fragmentée soit-elle, vous n'aurez aucun mal à y retourner à l'avenir, afin d'en apprendre davantage. Une fois que cette porte aura été ouverte, vous pourrez la franchir aussi souvent que vous le voudrez.

Plutôt que de vous concentrer sur des épisodes importants qui ont eu lieu, vous pouvez commencer avec n'importe quel événement que vous avez vécu hier. Quand cela sera clair dans votre tête, pensez à une chose qui s'est produite la semaine dernière. Voyez si vous pouvez penser à une chose qui s'est produite une semaine plus tôt, suivie par un événement survenu le mois dernier, et ainsi de suite. L'idée est de penser à autant d'incidents que possible, tout en remontant constamment dans le temps.

La méthode du lointain souvenir semble facile et elle l'est pour certains. Néanmoins, j'ai connu des gens qui se sont exercés à cette méthode pendant des mois, sans aucun résultat. Le facteur le plus important consiste simplement à se détendre et à laisser les choses advenir. La plupart des gens sont frustrés lorsqu'ils n'obtiennent pas de résultat sur-le-champ. Il ne se produira rien qui vaille sans une bonne quantité de travail et d'efforts. Vous avez plus de chances de réussir si vous accomplissez cet exercice d'une façon presque nonchalante.

L'expérience de Kirsty

Kirsty est dans la quarantaine. Elle s'est mariée très jeune, a eu deux enfants et a divorcé à 23 ans. Elle a élevé ses filles seule et s'est remariée il y a deux ans. Aujourd'hui, Kirsty est responsable du secrétariat dans l'entreprise de son mari. Elle est plus heureuse que jamais.

« C'est en partie parce que j'ai découvert plusieurs de mes vies antérieures, m'a-t-elle affirmé. Ça m'a encouragée de découvrir que cette vie n'était pas la seule. J'ai réussi à voir les moments où j'ai progressé et ceux où j'ai régressé. J'ai aussi décelé un certain nombre de facteurs karmiques sur lesquels je travaille. »

La méthode du lointain souvenir est celle que privilégie Kirsty pour retourner dans une vie antérieure. « J'aime cette technique, dit-elle. Cela plaît à mon esprit logique. On dirait même qu'elle a amélioré ma mémoire, de façon tout à fait accidentelle. J'ai l'impression d'en savoir beaucoup plus sur ma vie que je n'en savais auparavant.

« Je fais toujours l'exercice du lointain souvenir le soir, dans mon lit. Je suis trop occupée durant la journée. Je le fais seulement quand je ne suis pas trop fatiguée, car autrement, je m'endors avant d'y arriver. »

La première régression de Kirsty fut pour elle une expérience inoubliable. « J'ai toujours dit que mon premier mari était un salaud parce qu'il avait brisé notre mariage. S'il n'était pas tombé dans l'alcool et les drogues, nous serions probablement encore ensemble. Avec le temps, j'ai fini par comprendre ce qu'il avait dû traverser. Il avait une petite entreprise qui fonctionnait mal, et j'étais tellement occupée avec les enfants que je ne pouvais pas l'aider et le soutenir comme il en aurait eu besoin. De plus, pendant des années, je l'ai traité de tous les noms et j'ai tout fait pour l'empêcher de voir ses filles. Je le blâmais pour tout, mais bien sûr, il y a toujours deux versions à chaque histoire. Récemment, j'ai découvert qu'il ne m'avait jamais rien reproché. En fait, quoi que j'aie fait, il n'a jamais parlé en mal de moi.

« Eh bien, la première fois que je suis retournée dans une vie antérieure, j'ai découvert que j'avais été un homme. Pas le meilleur des hommes, d'ailleurs ! J'étais un joueur compulsif et je vivais d'expédients. On avait tenté de me tuer, alors je suppose que je trichais pour pouvoir survivre.

« De toute façon, j'avais une femme qui m'aimait à la folie. Elle était belle et j'en étais très fier. Bizarrement, dans ma vie actuelle, c'est Jérémie (mon premier mari). C'était pour elle que j'avais essayé de suivre le droit chemin et de mener une vie d'honnête homme. Bien sûr, cela n'avait pas fonctionné. Dès que je traversais une période difficile, je recommençais à tricher.

« Ma femme m'avait plusieurs fois posé un ultimatum en me disant que si je continuais à me comporter ainsi, elle me quitterait et retournerait chez ses parents. Ce qu'elle avait fini par faire. J'étais parti pendant deux mois ; je pariais sur les bateaux. Quand j'étais rentré, de l'argent plein les poches, elle n'était plus là. Elle avait laissé une note pour me dire qu'elle n'en pouvait plus.

« J'étais allé chez ses parents, mais ils ne voulaient pas me dire où elle était. Je leur avais dit que j'allais changer et je leur avais donné mon adresse. Ils avaient promis de la lui communiquer, mais je ne sais pas s'ils l'ont fait, car je ne l'ai jamais revue. Je suis mort après une bataille de soûlerie, à la sortie d'un bar. J'avais 42 ans. »

Visiblement, Kirsty était bouleversée après m'avoir raconté cela. Quand j'ai senti qu'elle était prête, je lui ai demandé quelle était la pertinence de cette vie antérieure par rapport à sa vie actuelle.

« Il m'a quittée durant cette existence. Je l'ai quitté durant ma vie actuelle. »

« Alors, dans un sens, vous lui avez rendu la monnaie de sa pièce ? »

« Non, dit Kirsty en hochant la tête. Je ne crois pas. Il devait me quitter la dernière fois, puisque j'étais un criminel. Ce n'était pas une vie pour lui. Cette fois-ci, je devais le quitter, parce qu'il buvait et se droguait. Quelqu'un se serait fait tuer si nous étions restés ensemble. Vous voyez, nous sommes importants l'un pour l'autre. Peut-être sommes-nous un type étrange d'âmes sœurs, même si nous n'avons pas réussi nos unions. Je crois que nous aurons une autre relation dans une prochaine vie, et j'espère que cela fonctionnera mieux à ce moment-là. »

« Qu'en est-il de votre mari actuel ? »

« C'est un homme merveilleux, a répondu Kirsty en souriant. Je ne pourrais pas demander meilleur compagnon. Il est gentil, compréhensif, reconnaissant et aimant. Par contre, je ne crois pas qu'il y ait un lien karmique entre nous. Cela peut sembler drôle, mais je le vois comme une récompense pour ma bonne conduite ! Il croit que je suis folle de retourner dans mes vies antérieures, mais il ne s'est jamais moqué de moi. Je ne pourrais pas avoir un mari plus solidaire. »

6

Régressions dans les vies antérieures

La vérité est parfois tellement incroyable, qu'il arrive qu'elle nous échappe.

Héraclite (540? 460 av. J.-C.)

Lorsqu'ils songent à une régression dans une vie antérieure, la plupart des gens pensent à l'hypnose. Malheureusement, le mot « hypnose » en effraie plus d'un. Ils l'associent mentalement à un lavage de cerveau ou à une perte de contrôle de la situation. Certains pensent que l'hypnotiseur va leur demander de poser des gestes embarrassants.

Rien de tout cela n'est possible. Lorsque vous êtes sous hypnose, vous êtes plus conscient qu'à l'habitude. Vous savez exactement ce qui se passe. Si, par exemple, vous retourniez dans une vie antérieure à la cour de Henri VIII, vous seriez à Hampton Court, mais en même temps, vous seriez conscient d'être dans le bureau de l'hypnothérapeute. Si le téléphone se mettait à sonner ou qu'un klaxon se faisait entendre, cela ne vous dérangerait pas et ne vous perturberait pas, puisque vous seriez dans les deux endroits en même temps.

Vous êtes sous hypnose chaque fois que vous faites un rêve éveillé. Si quelqu'un vous parle pendant que vous rêvez éveillé, il se peut que vous n'entendiez pas un mot. Je suis certain que vous avez déjà conduit votre voiture pour soudain vous demander, cinq kilomètres plus loin, par où vous aviez bien pu passer. On appelle cela *l'hypnose primitive*. Vous étiez tout simplement sur le pilote automatique alors que vous pensiez à autre chose. S'il s'était passé quelque chose juste devant vous, vous seriez instantanément sorti de cet état d'hypnose et auriez réagi sur-le-champ. Après tout, vous conduisiez prudemment. Les gens sont tout le temps hypnotisés par les écrans de télévision et de cinéma. J'essaie d'éviter les films tristes, car ils m'entraînent dans mes émotions et je me mets à pleurer. Cela veut dire que j'ai été hypnotisé par le film. Consciemment, je sais que ce ne sont que des images sur un écran, mais je me laisse quand même hypnotiser par ces images.

Nous entrons dans un état d'hypnose et en ressortons fréquemment. Si le film est excitant, il va me captiver. Si le film se déroule sans qu'il se passe grand-chose, je sortirai probablement de mon état d'hypnose et prendrai conscience du siège sur lequel je suis assis.

Nous sommes tous différents. Je pourrais me laisser captiver par tel film, alors que ma femme, assise à côté de moi, s'ennuierait ferme et souhaiterait que ça finisse. Donc, je serais en état d'hypnose, mais pas elle.

Il ne faut pas avoir peur de l'hypnotisme. Ce n'est qu'un état dans lequel nous entrons et duquel nous ressortons à tout moment. Quand vous allez voir un hypnothérapeute, il vous guide tout simplement vers un état d'hypnose, de sorte que les bons messages puissent émerger dans votre inconscient. L'hypnose est extrêmement utile pour toute une gamme de problèmes, dont la perte de poids, le contrôle du stress, l'abandon du tabac, la confiance en soi, et ainsi de suite.

De nombreux hypnothérapeutes procèdent à des régressions dans les vies antérieures. Si vous décidez d'aller voir un hypnotiseur pour réaliser une régression dans une vie antérieure, choisissez-le bien. Tous les hypnothérapeutes ne sont pas nécessairement attirés par ce sujet. Vous ne voulez certainement pas perdre votre temps dans des séances avec quelqu'un qui ne s'intéresse qu'à votre argent. Trouvez un spécialiste des régressions dans les vies antérieures. Cette personne s'intéressera à vous et sera capable de vous guider à travers une régression, en douceur et sans aucun danger.

Quand les gens viennent me voir pour une régression dans une vie antérieure, je leur dis toujours qu'ils vont voir des scènes dérangeantes comme si elles se déroulaient sur un écran de télévision et qu'elles arrivaient à quelqu'un d'autre. Malgré cela, il est possible, à l'occasion, qu'une personne vive une terreur bien réelle. Un hypnothérapeute qui est habitué à mener des régressions dans les vies antérieures saura exactement quoi faire dans ce genre de situation.

Il est recommandé d'aller voir un hypnothérapeute pour votre première régression hypnotique. Vous pourrez ainsi faire l'expérience d'une vie antérieure dans un lieu sûr. Il est fort probable que votre hypnothérapeute soit une personne sympathique qui sera prête à discuter de votre vie passée avec vous après la séance. Hélas, il se peut qu'il n'y ait aucun hypnothérapeute dans votre région ou qu'aucun ne s'intéresse aux régressions dans les vies antérieures. Et puis, peut-être préféreriez-vous y arriver seul. Heureusement, il est très facile de vous servir des techniques hypnotiques pour revenir sur vos vies antérieures par vos propres moyens.

La régression hypnotique

Une régression hypnotique comporte quatre étapes. D'abord et avant tout : réussir à se détendre complètement. Quand vous êtes complètement détendu, la seconde étape consiste à remonter dans le temps, jusqu'à une de vos nombreuses vies antérieures. La troisième étape sert à explorer cette vie passée. Pour finir, vous revenez au présent avec des souvenirs intacts de tout ce que vous avez fait dans cette vie antérieure.

Première étape : relaxer

Assoyez-vous ou allongez-vous confortablement. Veillez à porter des vêtements amples et à ce que la pièce soit à une température adéquate. Durant l'hypnose, la température de votre corps baisse d'environ un degré. Cela ne fonctionnera pas si vous avez le frisson. Vous voudrez peut-être utiliser une couverture.

Certains aiment mettre une douce musique de fond. Je préfère le silence. Mais la musique peut aider à éliminer les distractions provenant de l'extérieur. Si vous mettez de la musique, choisissez une mélodie que vous ne reconnaîtrez pas, car vous pourriez vous mettre à fredonner plutôt que de retourner dans une vie antérieure.

Il est crucial de vous détendre le plus possible. Il y a plusieurs manières de le faire. Une bonne méthode consiste à inspirer profondément et à expirer lentement, en particulier si vous vous dites silencieusement de vous détendre à chacune de vos expirations.

Une autre méthode consiste à contracter puis à relâcher chaque groupe de muscles. Vous pourriez, par exemple, contracter les muscles de votre bras aussi fort que possible, les garder contractés quelques secondes, puis les relâcher complètement.

Ma méthode préférée consiste à détailler mon corps lentement, en détendant tous mes membres les uns après les autres. Je commence par les orteils et, rendu au sommet de ma tête, je suis totalement détendu. J'y parviens en prenant d'abord conscience de mes orteils, puis en les détendant. Je prends ensuite conscience de mes pieds et je les détends autant que possible. Je fais la même chose avec mes chevilles, mes mollets, mes genoux, mes cuisses, mon ventre, ma poitrine et mes épaules, avant de descendre le long d'un bras puis de l'autre. Ensuite, je relaxe les muscles de mon cou et de mon visage. Je me concentre pour détendre cette région, puis je passe quelques moments à jouir de cette sensation de totale relaxation dans chaque partie de mon anatomie.

Nous vivons dans un monde terriblement stressant et, très souvent, nous n'atteignons pas cet état de complète relaxation, même en dormant. C'est pour cette raison que nous nous réveillons parfois aussi fatigués que la veille, même si nous avons dormi aussi longtemps que d'habitude. Cet exercice de relaxation est extrêmement bénéfique et en vaut la chandelle, même si vous ne voulez pas vous en servir pour explorer vos vies antérieures.

Deuxième étape : remonter dans le temps

Il y a plusieurs façons de voyager à rebours dans le temps et l'espace, pour déverrouiller les portes d'une vie antérieure. La méthode la plus courante consiste à vous imaginer marchant le long d'un long couloir avec des portes de chaque côté. Derrière chacune de ces portes se trouve une de vos vies passées. Vous pouvez vous arrêter devant n'importe quelle porte, l'ouvrir et vous retrouver immédiatement dans une vie antérieure.

Une variante de cette méthode consiste à vous imaginer dans une pièce immense, en train de descendre un magnifique escalier. Cette pièce a été conçue expressément pour vous et votre confort. Vous pouvez donc la meubler à votre goût. Vous vous assoyez dans un fauteuil confortable au centre de cette pièce et regardez les différentes portes qui mènent à votre chambre. Vous savez que chacune mène à une vie antérieure différente, et vous prenez votre temps pour décider laquelle vous désirez explorer. Quand vous vous sentez prêt, vous vous levez, traversez la pièce, et ouvrez la porte de votre choix.

Une autre méthode consiste à vous imaginer quittant votre corps physique et flottant à plusieurs dizaines de mètres dans les airs. Quand vous serez prêt, descendez lentement et vous vous retrouverez dans un autre temps et un autre lieu.

Une méthode similaire consiste à vous imaginer assis dans la nacelle d'un ballon gonflé à l'hélium au moment où il quitte le sol. Vous vous sentez bien et détendu, tandis que le ballon continue son ascension. Lorsqu'il se trouve à environ soixante mètres dans les airs, vous sentez une petite secousse et le ballon se déplace dans le temps et l'espace, pour finalement atterrir et vous déposer dans une autre de vos existences.

Plutôt que de monter pour retourner dans une vie antérieure, certaines personnes préfèrent descendre vers le passé. Pour ce faire, il suffit d'imaginer une grosse chute, comme une cascade d'eau. Tout en haut, il y a une poignée. En tournant cette poignée, vous changez la vie passée dans laquelle vous referez surface. Quand vous sentez que vous avez tourné la poignée dans la bonne direction, assoyez-vous dans la chute et laissez-vous agréablement glisser dans une vie antérieure.

Une autre méthode consiste à vous imaginer dans un petit bateau qui descend le fleuve de la vie. Vous pourrez ramener le bateau sur la rive quand vous le voudrez. L'endroit où vous choisirez de vous arrêter sera une belle occasion de revoir une de vos vies antérieures.

Une méthode que beaucoup de mes clients aiment se résume à vous imaginer dérivant dans le temps jusqu'à ce que quelque chose vous oblige à vous arrêter. Ce sera le premier frémissement d'un souvenir de vie antérieure, et vous pourrez vous arrêter quand vous le voudrez pour voir ce qui se passe.

Certaines personnes aiment s'imaginer dans un bel ascenseur. Elles appuient sur un bouton pour se rendre à n'importe quel étage. Quand l'ascenseur s'arrête, elles en sortent et entrent dans une de leurs vies passées.

Un homme qui était venu me voir souhaitait retourner dans une vie antérieure à bord d'une capsule. Il avait une image mentale très précise de l'apparence de sa capsule. Ainsi, dès qu'il fut totalement détendu, je lui ai demandé d'imaginer qu'il montait dans sa capsule à voyager dans le temps, bouclait sa ceinture et fermait la porte. Je comptais alors de dix à un, la capsule devant décoller à un. Il s'imaginait à l'intérieur de la capsule tandis qu'elle remontait dans le temps à toute allure, jusqu'à une de ses vies antérieures. Quand la capsule avait atterri, il ouvrait la porte et sortait dans sa vie antérieure. Aussitôt que sa curiosité concernant cette vie antérieure avait été satisfaite, il revenait au présent en remontant dans sa capsule et en revenant dans mon bureau. Cette méthode fonctionnait tellement bien pour lui que je l'ai très souvent utilisée avec d'autres clients. J'ai également utilisé le tunnel du temps avec quelques autres personnes.

J'affectionne particulièrement imaginer un magnifique arc-en-ciel. Ce n'est pas un arc-en-ciel ordinaire, car on peut marcher dessus pour se rendre dans une vie antérieure. L'image de l'arc-en-ciel est synonyme de bonheur, j'utilise donc cette méthode fréquemment quand un client se sent nerveux à l'idée de ce qui va se produire. Les arcs-en-ciel sont toujours agréables à voir dans la vraie vie, et la pensée d'un arc-en-ciel aide bien des gens à se détendre.

Enfin, la méthode que vous utilisez pour retourner dans une vie antérieure n'a pas d'importance. Il suffit de vous imaginer rebroussant le cours du temps jusqu'à ce que vous y soyez.

Par souci de précision, voici ce que je dirais à quelqu'un qui retourne dans une vie antérieure en déambulant dans un long couloir :

> *« Imaginez-vous simplement debout en haut d'un magnifique escalier. C'est le plus bel escalier que vous ayez jamais vu. Vous pouvez sentir la douce texture du luxueux tapis sous vos pieds. Vous sentez le bois fraîchement poli de la rampe, et vous décidez que vous êtes prêt à descendre les marches afin d'explorer une de vos vies antérieures.*
>
> *« Il y a dix marches, et tout en tenant la rampe et en comptant de dix à un, vous doublez votre état de relaxation chaque fois que vous posez le pied sur une nouvelle marche, de sorte qu'en arrivant en bas de l'escalier, vous serez totalement, complètement et absolument mou, léger et détendu.*
>
> *« Dix. Doublez votre relaxation en descendant une marche.*
>
> *« Neuf. Doublez votre relaxation une fois de plus.*
>
> *« Huit. Goûtez cette sensation de chaleur, de paix et de totale relaxation.*
>
> *« Sept. Vous vous laissez aller plus profondément encore dans la relaxation.*
>
> *« Six. Vous descendez une autre marche dans ce merveilleux état de paix.*
>
> *« Cinq. Vous avez descendu la moitié des marches maintenant, et vous savourez cette merveilleuse et paisible détente.*

« Quatre. De plus en plus détendu.

« Trois… deux… et un.

« Maintenant, vous vous sentez totalement détendu en quittant l'escalier pour vous retrouver dans un très beau vestibule. Il est bien chauffé, bien éclairé et tellement paisible. Vous déambulez maintenant dans le couloir, regardant avec curiosité toutes les portes situées de chaque côté. Derrière chaque porte se trouvent les souvenirs de vos nombreuses vies antérieures, et vous pouvez vous arrêter devant la porte de votre choix.

« Vous observez attentivement certaines de ces portes, mais l'une d'elles semble exercer une plus grande fascination sur vous que les autres. Vous vous arrêtez devant cette porte et vous levez la main pour tourner la poignée. Vous ouvrez la porte et pénétrez dans une de vos vies antérieures. »

Troisième étape : explorer les vies antérieures

Au début, la vie antérieure dans laquelle vous venez de retourner sera floue et difficile à déchiffrer. Faites une pause, prenez quelques profondes inspirations, et laissez-lui le temps d'apparaître plus clairement. Regardez vos pieds et remarquez le genre de chaussures que vous portez, si vous en portez. Ensuite, regardez vos vêtements. Voyez si vous êtes un homme ou une femme. Vous n'aurez peut-être pas la réponse à toutes ces questions sur-le-champ, surtout si vous êtes un jeune enfant. Comment sentez-vous votre corps ? Est-il jeune et plein de vie ? Fatigué et usé ? Chaud ou froid ? Cela vous donnera des indications quant à votre âge et à votre état de santé. Vous sentez-vous heureux et satisfait de cette vie ?

Maintenant, regardez autour de vous pour voir si vous êtes à l'intérieur ou à l'extérieur. Notez s'il y a quelqu'un avec vous. Voyez ce que vous êtes en train de faire.

Maintenant que vous êtes un peu plus familier avec votre nouvel environnement, vous pouvez vous déplacer dans le temps de cette vie antérieure. Décidez de l'expérience que vous aimeriez faire, comptez un, deux et trois en vous-même, et vous serez instantanément transporté dans une nouvelle scène. Vous pouvez explorer n'importe quel aspect de votre vie en y pensant et en comptant jusqu'à trois.

J'encourage toujours mes clients à visualiser certaines expériences. Je veux qu'ils se souviennent d'au moins un incident avec la personne qu'ils ont le plus aimée durant cette existence. Je veux qu'ils participent à une scène familiale. Je veux qu'ils revoient une scène décontractée avec des amis. Je veux aussi qu'ils se voient en train de faire une chose que leur a procuré un sentiment de fierté. Ensemble, tous ces incidents servent à construire une image de la vie de la personne. Vous trouverez vous aussi utile de les faire apparaître, pendant que vous explorerez vos vies antérieures.

La plupart des gens veulent savoir quelle était leur apparence dans une vie antérieure. Allez dans une pièce qui contient des miroirs. Bien sûr, il se peut que vous fassiez l'expérience d'une existence où les miroirs n'existaient pas. Dans ce cas, rendez-vous au bord d'un étang ou d'une rivière et essayez d'apercevoir votre reflet dans l'eau.

Utilisez la même méthode si vous ne connaissez pas votre identité dans cette vie. Ramenez-vous dans une scène où quelqu'un vous appelait par votre nom afin de le découvrir.

Prenez tout le temps que vous souhaitez pour explorer cette vie antérieure. Avant de revenir au présent, visualisez-vous au dernier jour de l'existence que vous explorez. Voyez ce que vous faites et qui est avec vous. Essayez de découvrir si vous avez des regrets. Ensuite, voyez-vous vous transformer en esprit.

Revenez en arrière et assistez à votre mort d'une manière détachée si cela risque de vous causer du chagrin ou une émotion. Regardez le corps physique que vous venez de quitter. Cela vous donnera une idée de l'âge que vous aviez et de votre état de santé à votre décès. Il est probable que vous vous sentirez soulagé en faisant cela. Votre esprit sera heureux de s'être enfin séparé de ce corps physique et de pouvoir poursuivre son évolution.

Demandez-vous quelles leçons vous deviez tirer de cette existence particulière. Essayez de découvrir si un karma provenant de cette vie antérieure affecte votre vie actuelle.

Quatrième étape : revenir au présent

Quand vous aurez passé tout le temps voulu à explorer cette vie antérieure, il vous faudra revenir au présent. Dites-vous que vous vous rappellerez tout ce que vous avez vu durant votre régression, et que les souvenirs reviendront à votre conscience dans les prochains jours. Ensuite, revenez dans votre vie actuelle en comptant tout bas de un à cinq. Gardez les yeux fermés pendant que vous revenez peu à peu au présent. Quand vous serez prêt, comptez de nouveau jusqu'à cinq et ouvrez les yeux.

Les gens se retrouvent dans différents états émotionnels. Certaines personnes sont excitées, mais d'autres sont presque déprimées. Assoyez-vous calmement quelques minutes et pensez à votre vie antérieure. Remerciez la vie pour cette capacité de découvrir des souvenirs lointains ; remerciez-la aussi pour les bienfaits de votre vie actuelle.

Maintenant que vous avez découvert une de vos vies antérieures, vous pourrez y retourner aussi souvent que vous le voudrez. Il suffit, au début de la deuxième étape, de demander de retourner dans cette vie en particulier. Vous y retournerez immédiatement et pourrez l'explorer plus avant.

Naturellement, vous pourrez utiliser la même technique pour explorer d'autres incarnations. Au début de l'étape deux, dites-vous que vous retournez dans une vie passée que vous n'avez encore jamais explorée, et vous vous retrouverez dans une existence différente.

Conseils pratiques

Dans mon bureau, la plupart des gens retournent directement à une vie antérieure sans problème. C'est parce qu'ils sont venus me voir avec un objectif précis en tête, et qu'il ne me reste plus qu'à les diriger et à les guider dans une vie antérieure.

Ce n'est cependant pas toujours aussi facile lorsque vous le faites vous-même. Les distractions extérieures peuvent être une nuisance, en particulier si elles sont causées par les membres de votre propre famille. Vous pourriez vous sentir coupable de négliger vos tâches. Vos proches pourraient entrer dans la pièce pour voir ce que vous êtes en train de faire.

Si ces problèmes persistent, mieux vaut mettre fin à votre régression dans une vie antérieure et les régler avant de continuer. Par exemple, vous aurez probablement moins de mal à vous détendre si le ménage est fait. Peut-être devrez-vous opter pour un moment où il y a moins de distractions extérieures. Vous constaterez sans doute que le soir tard ou le matin très tôt sont les meilleurs moments pour ce genre d'expérience.

Certaines personnes constatent qu'elles ont de la facilité à relaxer, mais trouvent ensuite difficile de retourner dans une vie antérieure. Si cela se produit, insérez une nouvelle étape entre l'étape un et l'étape deux. Quand vous serez détendu, pensez à une scène de votre enfance. Visualisez-la aussi clairement que possible. Voyez ce que vous êtes en train de faire, qui est avec vous, et où vous êtes. Explorez cette scène dans les moindres détails. Cette étape additionnelle vous permettra de vous détendre davantage avant de vous rendre dans une vie passée.

Si vous éprouvez toujours des difficultés, il y a autre chose que vous pouvez faire. Après avoir visualisé la scène de votre tendre enfance, essayez de penser à une période de l'histoire qui vous intéresse particulièrement. Pendant que vous pensez à ce que pouvait être la vie à cette époque, vous pourriez vous retrouver spontanément en régression dans une vie antérieure. Cette vie peut être à des milliers d'années de la période de l'histoire à laquelle vous pensiez, mais c'est sans importance. Il vous aura suffi d'insérer une autre étape qui vous a aidé à retourner dans une vie antérieure.

Si les problèmes persistent, vous pouvez utiliser ce dernier procédé. Je l'ai gardé pour la fin, car il est incroyablement puissant. Après avoir visualisé la scène de votre enfance, revenez au présent et demandez à un guide de vous aider et de rester avec vous pendant que vous vous remémorez une vie antérieure. Ce guide peut être un sage ou quelqu'un dont vous avez lu les travaux. Peu importe qui c'est. Vous pourriez réellement voir cette personne, mais vous pourriez aussi avoir l'impression que votre guide est présent. Demandez-lui de vous aider dans le voyage que vous allez entreprendre. Quand vous aurez obtenu la permission de votre guide, recommencez l'expérimentation depuis le début. Avec l'aide de votre guide, vous ne devriez pas avoir de difficulté à retourner dans une vie antérieure. (Vous trouverez une méthode pour retourner dans une vie antérieure avec votre guide spirituel pour escorte, au chapitre 15.)

Nombreux sont ceux pour qui l'idée de revivre des incidents douloureux durant une régression est inquiétante. Pour la plupart d'entre nous, la vie était sans doute beaucoup plus violente et dangereuse dans le passé qu'elle ne l'est aujourd'hui. Par conséquent, il est toujours bon de vous dire que vous reverrez tout avec détachement, un peu comme si c'était arrivé à quelqu'un d'autre. Si une situation particulièrement traumatisante ou difficile se présente, vous pourrez prendre du recul et demeurer impartial. Vous pourrez aussi revenir au présent à tout moment, en comptant de un à cinq.

Certaines personnes pratiquent une régression de manière détachée, et fondent en larmes après coup. C'est un exutoire émotionnel. Abandonnez-vous à cet exutoire si cela se produit. Il peut parfois être douloureux de libérer les traumatismes du passé. Nous transportons tous avec nous de grands pans du passé et cela peut être très éprouvant de s'y abandonner. Il faut donc pleurer aussi longtemps que nécessaire. C'est une expérience émotionnelle de découvrir qui vous étiez et ce que vous faisiez durant une vie antérieure, et il est tout à fait compréhensible que ces sentiments trouvent un exutoire. N'essayez pas de les contrôler ou de les supprimer.

Comme toutes les autres méthodes dans ce livre, celle-ci exige de la pratique. Certains réussiront une régression dans une vie antérieure dès leur première tentative, mais d'autres auront besoin de répéter l'exercice à plusieurs reprises avant de réussir.

Dans une vie antérieure, vous ne saurez que ce que la personne que vous étiez savait. Aussi est-il possible que vous ne découvriez pas l'année de votre naissance, le nom du pays où vous viviez ou le nom du roi qui régnait à cette époque. Il se peut même que vous ne sachiez pas le nom du village où vous habitiez, que vous l'appeliez peut-être « chez nous ». Vous pouvez parfois acquérir des connaissances additionnelles en dénichant des détails dans les encyclopédies et les livres d'histoire. Les illustrations que contiennent ces livres peuvent être extrêmement utiles, car elles représentent souvent des objets que vous avez vus dans votre vie passée, sans prendre le temps de les reconnaître.

Vous pourriez reconnaître, dans votre vie antérieure, des gens qui sont importants pour vous dans votre vie actuelle. Quelqu'un qui était votre femme dans votre vie antérieure pourrait être votre fils ou votre mère aujourd'hui. Les relations et les sexes changent, mais la personne sera instantanément reconnaissable. Si cela se produit, vous noterez un changement subtil dans vos rapports avec cette personne à l'avenir. Vous serez plus tolérant et compréhensif envers elle. Vous comprendrez qu'elle fait partie de votre vie actuelle pour vous aider à tirer des leçons cruciales. De toute façon, votre inconscient reconnaîtra probablement ce lien karmique, et vous trouverez extrêmement utile d'en avoir la preuve grâce à vos régressions dans les vies antérieures.

L'expérience de Debbie

Debbie, 18 ans, est étudiante en médecine. Elle est venue à mes cours de développement psychique avec sa mère. Sa mère était brillante, vive et plutôt envahissante. Comme on pouvait s'y attendre, Debbie prenait rarement la parole dans mes cours. Pourtant, durant une régression de groupe, elle avait retrouvé de vagues traces d'une vie passée dans la Rome impériale, et voulait explorer cette existence plus à fond.

La mère de Debbie lui avait offert une régression dans une vie antérieure pour son anniversaire. Debbie était enthousiaste, mais elle n'était pas certaine de vouloir en savoir davantage sur cette vie passée. Nous en avons discuté un moment, jusqu'à ce qu'elle se sente prête à le faire.

Debbie était un bon sujet d'hypnose et n'a eu aucune difficulté à retourner dans une vie antérieure. Ce n'était cependant pas dans la Rome antique, mais au début du XXe siècle, à New York. Debbie était une vieille dame portant le nom de Joan, qui vivait dans un petit appartement avec un chat surnommé Rags.

« As-tu eu une bonne vie ? » ai-je demandé.

« J'ai eu de bons moments », a répondu Debbie en faisant la grimace. Sa voix était vieille et lasse. Bien qu'elle soit non-fumeuse, sa voix était rauque comme si elle avait fumé un paquet de cigarettes tous les jours de sa vie.

« Quels sont tes meilleurs souvenirs ? »

« Quand j'avais 18 ans, à Central Park. Avec Herbie », a répondu Joan avec un sourire. Elle a toussé et hoché la tête. « Pauvre Herbie. »

« Qui était Herbie ? »

« Un ami. »

« C'est tout, rien qu'un ami ? »

Joan a eu un petit ricanement, et pendant une seconde, elle a semblé avoir de nouveau 18 ans. Puis, son visage est redevenu vieux.

« Je l'aimais. »

« Bien. Et, est-ce qu'il t'aimait ? »

« Bien sûr. » Joan avait l'air offusquée.

« Est-ce que tu l'as épousé ? »

« Non », a répondu Joan en hochant la tête.

J'étais sur le point de changer de sujet quand soudain, Joan est devenue très contrariée. Et elle a ajouté : « Il est juif. »

« Et cela veut dire que tu ne peux pas te marier avec lui ? »

Joan acquiesça. Plusieurs fois, elle sembla sur le point de dire quelque chose, mais elle changeait d'idée. Finalement, je lui ai demandé qui elle avait épousé.

« Tommy Pearson. »

« Est-ce que tu l'aimes ? »

« Il est mort. »

« Étiez-vous heureux, ensemble ? »

Leur mariage n'était apparemment ni bon ni mauvais. Ils avaient eu deux enfants. Walter et Edward. Tommy travaillait dur comme boulanger, et il avait fini par avoir sa propre entreprise. Il n'avait jamais fait beaucoup d'argent, mais il était un bon père et s'arrangeait toujours pour leur assurer le nécessaire. Ils avaient été mariés pendant presque quarante ans et avaient pu prendre des vacances seulement deux fois. La première fois, ils étaient allés à Chicago pour voir la Foire mondiale, et la seconde fois, ils étaient allés dans un endroit qui sonnait comme Duesbury. Joan s'est impatientée quand j'ai essayé de clarifier ce nom. Les deux fois, leurs vacances avaient duré une semaine.

Tommy Pearson était mort deux jours après son soixantième anniversaire. Leur fils aîné, Walter, avait repris la boulangerie. C'était un gros travailleur, mais un piètre homme d'affaires, et l'entreprise avait fait faillite quelques années plus tard. Cela avait provoqué une grosse dispute familiale et Edward, qui était employé dans une banque, refusait d'avoir quoi que ce soit à faire avec son frère.

« À Noël, je vois un de mes garçons, et ensuite c'est le tour de l'autre, a dit Joan. Jamais ensemble. Un le matin, un l'après-midi. C'est cruel, mais les familles sont cruelles. »

« As-tu jamais revu Herbie ? » ai-je demandé.

Les yeux de Joan se sont mis à briller et elle a fait un petit sourire en se tordant les lèvres. « Une fois. À Central Park. Walter et Edward étaient petits, peut-être six et quatre ans. C'était le dimanche après-midi ; on bavardait en profitant du soleil, car l'hiver avait été long. Une sortie en famille. J'ai regardé un banc du parc et j'ai vu Herbie, qui enlaçait une belle femme aux longs cheveux bruns. Ils avaient l'air vraiment heureux. Nos regards se sont croisés et j'ai rougi, puis nous sommes partis. Tommy n'avait rien remarqué. J'ai souvent pensé à cette journée en me demandant qui était cette belle femme. » Joan s'est mordu la lèvre et a pris un air pensif. « J'espère qu'il a été heureux. »

À présent, Joan attendait la mort.

« Mes amis sont partis. Il me reste seulement mes garçons et leurs enfants. Je les vois à l'occasion. Je m'assois à ma fenêtre et je regarde passer la parade. Parfois, les journées sont longues, mais d'habitude, je m'endors dans mon fauteuil. M. Bernstein, mon voisin, prend soin de moi. Il fait mes courses et me raconte de longues histoires sur son enfance. Il est gentil. »

« Maintenant, j'aimerais que vous retourniez au dernier jour de la vie que vous avez explorée. Vous ne serez pas encore morte, et vous verrez la scène avec détachement, un peu comme si cela arrivait à quelqu'un d'autre. Vous ne ressentirez ni douleur ni émotion. Vous y êtes ? »

« Je suis dans mon fauteuil, à la fenêtre. J'ai mal. »

« Où ça ? »

« Quelque chose ne va pas », a répondu Joan en me montrant son cœur.

« Que faites-vous ? »

« Rien. »

« Pourquoi ne demandez-vous pas à M. Bernstein de vous aider ? »

« Il est mort », a répondu Joan en hochant la tête d'un geste impatient.

« Qui d'autre pourrait vous aider ? »

« Je ne veux pas qu'on m'aide. Je suis prête. »

« Très bien. De nouveau, en regardant la scène avec détachement, je veux que vous vous voyiez quelques instants après avoir connu la mort physique. Pouvez-vous voir le corps que vous venez de quitter ? »

« Il est si petit ! » a dit Joan en souriant.

« Y a-t-il quelqu'un près de vous ? »

Joan a fait signe que non.

« En retournant dans cette vie antérieure, voyez-vous un karma qui influencerait votre vie actuelle ? »

La plupart des gens doivent réfléchir à cette question avant d'y répondre, mais Debbie a répondu tout de suite.

« Poursuivez vos rêves. Ne laissez pas les autres vous influencer. Ne vous accommodez pas d'un deuxième choix. »

Je l'ai ramenée au présent et après quelques secondes, je l'ai réveillée. Debbie était surprise de sa vie antérieure.

« Ce n'était pas du tout ce à quoi je m'attendais, m'a-t-elle confié. Je croyais que je serais riche et mariée à l'homme que j'aimais. Il semble que je me sois trompée sur tous les plans. »

« Alors, vous vous marierez par amour, cette fois-ci ? »

« Cette fois-ci, je vais épouser Herbie », a répondu Joan en riant.

« L'avez-vous reconnu ? »

« Non, a-t-elle dit en hochant la tête. Je ne l'ai pas encore rencontré. Mais on est faits pour être ensemble. Je saurai que c'est lui quand on se rencontrera. »

« Il est votre âme sœur ? »

« Vous savez, dans cette régression, j'ai senti que j'avais connu Herbie au cours de nombreuses existences. On était si proches, et pourtant, on ne nous a pas permis de vivre ensemble. C'était tellement cruel. » Elle a hoché la tête. « Cela n'arrivera pas, cette fois-ci. »

7

La divination de vos vies antérieures

Il n'est pas plus remarquable d'être né deux fois qu'une seule.

Voltaire (1694-1778)

La divination est peu pratiquée en Occident de nos jours. Il y a cent ans, lire dans les boules de cristal était une activité très populaire, et aujourd'hui encore, bien des gens, lorsqu'ils se font lire la bonne aventure, s'attendent à voir une dame assise derrière une grosse boule de cristal. Les caricaturistes dessinent souvent les lecteurs du psychisme sous les traits de gitanes vêtues de jupes aux couleurs criardes qui jettent un regard perçant sur leur boule de cristal et profèrent des paroles profondes comme : « Pas d'avenir, mais quel passé ! »

On croit que l'art de lire l'avenir a vu le jour en Iran. En Égypte, on pratiquait la divination en lisant dans un bassin d'encre ou dans une mare de sang. Les Grecs de l'Antiquité lisaient l'avenir en fixant un bassin d'eau ou un miroir en métal poli. Saint Augustin, Pline et saint Thomas d'Aquin ont tous mentionné cet art dans leurs écrits. Au début du XIIIe siècle, Paraclèse a écrit *How to Conjure the Crystal So That All Things May Bee Seen in It.*

Nostradamus (1503-1566) est probablement le plus célèbre devin de tous les temps. La plupart de ses célèbres quatrains ont été composés après qu'il eut regardé dans un bol d'étain rempli d'eau. Nostradamus utilisait également un miroir à main lorsqu'il voulait avoir des détails additionnels. Le très célèbre John Dee, astrologue de la reine Élisabeth Ire, est aussi connu pour avoir utilisé des boules de cristal et des miroirs. Fait intrigant, il n'a jamais regardé lui-même dans une boule de cristal. Dee écrivait ses visions pendant qu'un assistant procédait à la lecture.

Heureusement, il n'est pas indispensable de posséder une boule de cristal, pour lire dans vos vies antérieures. Au Tibet, on utilise des pierres noires lisses. En Inde, j'ai vu des gens lire dans une petite boule d'encre indienne. J'ai aussi vu des femmes indiennes lire sur l'ongle de leur pouce. Dans le passé, on utilisait d'abondance les cristaux blancs, jaunes, verts, bleus, violets et transparents. En fait, nombreux sont ceux qui préfèrent lire dans un miroir plutôt que dans une boule. Tout ce qu'il vous faut, c'est un objet sur lequel vous concentrer.

La divination à l'aide d'un verre d'eau

Un verre d'eau fait tout aussi bien l'affaire qu'une boule de cristal. Je collectionne les boules de cristal anciennes. Je garde, dans ma collection, un spécimen victorien, une boule en verre que l'on avait remplie d'eau. Elle repose sur un pied qui dissimule l'endroit où l'eau a été insérée. Peu à peu, au fil des cent dernières années, une petite quantité d'eau s'en est échappée et aujourd'hui, la boule est remplie aux trois quarts seulement. Celui qui utilisait cette boule très spéciale faisait de la divination à l'aide d'un verre d'eau, sans s'en douter.

Première étape : se préparer

Utilisez un verre rond tout simple, rempli d'eau presque à ras bord. Déposez-le de façon à ce que vous puissiez vous asseoir et le fixer sans avoir à lever ou à baisser la tête. Vos yeux devraient être à environ un mètre du verre.

Deuxième étape : fixer le verre

Prenez quelques profondes inspirations et fixez le verre. Au bout de quelques minutes, vous aurez l'impression que l'eau devient laiteuse, comme un fin brouillard. Continuez à le fixer sans arrêt, et à un moment donné, le brouillard prendra une légère teinte bleutée. Inutile de vous concentrer sur le verre d'eau. Contentez-vous de le fixer, en pensant, en termes généraux, à votre désir de retourner dans une vie antérieure. De temps en temps, votre esprit se mettra à vagabonder. C'est parfaitement normal, et il n'y a pas de quoi vous inquiéter. Quand vous vous en rendrez compte, redirigez vos pensées vers votre objectif et attendez que le brouillard apparaisse.

Troisième étape : retourner dans une vie antérieure

Pensez à votre objectif de retourner dans une de vos vies antérieures. Vous verrez bientôt apparaître de vagues formes dans le brouillard bleuté. Si vous êtes extrêmement chanceux, vous arriverez peut-être à voir se dérouler une de vos vies antérieures sur l'écran de brouillard, presque comme si vous la regardiez sur un écran de télévision. Il y a toutefois peu de chances que cela se produise, à moins que vous ne soyez un expert en visualisation.

La plupart des gens constatent que des souvenirs de vies antérieures leur apparaissent mentalement pendant qu'ils fixent le brouillard tourbillonnant. Il est crucial de rester aussi calme et détendu que possible. À peu près tous ceux que je connais qui ont appliqué cette méthode étaient très excités quand les souvenirs de vies antérieures ont commencé. Dès qu'ils se mettent à penser consciemment à ce qui se passe, les sujets voient leurs pensées disparaître. Alors, restez tranquille et détendu, et fixez le verre d'eau de manière détachée, quasi indifférente. Vous pourrez toujours vous exciter après coup, une fois que vous aurez renoué avec ces souvenirs depuis longtemps perdus.

Quatrième étape : revenir au présent

Le verre d'eau semble savoir quand vous en avez vu suffisamment. La scène s'ennuagera peu à peu, pour vous informer que la séance est terminée. Dites merci en silence, pour la chance que vous avez eue de retourner dans une vie antérieure, respirez profondément à quelques reprises, puis levez-vous.

Plusieurs personnes peuvent fixer le même verre en même temps. Fait intéressant, chacune retournera dans une vie antérieure pertinente. Au début, j'avais quelques doutes à ce sujet. J'avais fait l'expérience de la transmission de pensée entre deux personnes qui utilisaient la même boule de cristal, et j'avais l'impression que tout le monde verrait les mêmes images. Ce n'est cependant pas le cas, et si vous le désirez, vos amis et vous pouvez faire de la divination ensemble, au même moment.

La divination à l'aide d'un miroir

Vous pouvez utiliser un miroir exactement comme vous utilisez un verre d'eau ou une boule de cristal. Naturellement, le miroir doit être de bonne qualité et gardé aussi propre que possible. Les mêmes précautions sont de mise, si vous utilisez une boule de cristal : elle doit être propre et recouverte d'un carré de velours noir ou bleu, lorsque vous ne l'utilisez pas.

Première étape : se préparer

Il est préférable de vous asseoir légèrement plus bas que le miroir, de sorte que vous ne fixiez pas votre reflet. De l'endroit où vous êtes assis, le miroir ne devrait rien refléter d'autre qu'un mur nu. La pièce devrait être dans une pénombre. Je trouve utile de tirer les rideaux et d'allumer deux bougies, une de chaque côté du miroir, comme source de lumière.

Deuxième étape : fixer l'intérieur du miroir

Fixez l'intérieur du miroir exactement de la même façon dont vous avez fixé le verre d'eau. À un moment donné, vous remarquerez un fin nuage de brouillard blanc. Il est habituellement plus dense que le voile qui entoure la boule de cristal ou le verre d'eau.

Troisième étape : retourner dans une vie antérieure

Continuez à fixer le miroir, et laissez les souvenirs de votre vie antérieure se manifester. Vous pourriez assister aux scènes qui se déroulent à l'intérieur du miroir, ou les ressentir mentalement. La plupart des gens ressentent les scènes plutôt que de les voir, mais certaines personnes sont capables de faire les deux. Elles commencent par ressentir les scènes, puis, avec de l'entraînement, elles développent peu à peu la capacité de les voir dans le miroir. C'est pour cette raison que je préfère un miroir à un verre d'eau ou à une boule de cristal ; les images peuvent ainsi se dérouler sur une surface beaucoup plus grande.

Quatrième étape : revenir au présent

Au bout d'un moment, la scène se voilera, et vous ne verrez plus rien. Cela peut se produire au bout d'une ou de deux minutes, alors qu'à d'autres occasions, vos visions pourront durer une heure ou plus.

Quand la scène s'ennuagera, comprenez que l'expérience a pris fin, pour le moment. Ce serait une perte de temps d'essayer d'y revenir pendant cette séance. Respirez profondément à quelques reprises, et remerciez le miroir avant de vaquer à vos occupations quotidiennes.

Comment fabriquer un miroir à divination

Un vrai miroir à divination est noir. C'est facile d'en fabriquer un. Tout ce qu'il vous faut, c'est la vitre qui recouvre la face d'une horloge. Vous pouvez en acheter une chez un horloger réparateur ou même dans un magasin d'artisanat. Choisissez-en une d'environ 13 centimètres de diamètre. Nettoyez bien la vitre, puis peignez l'extérieur (la face convexe) avec de la peinture noire. Quand elle sera sèche, vous pourrez vous servir de l'intérieur de la vitre comme d'un miroir noir. Gardez votre miroir enveloppé dans un linge noir lorsque vous ne vous en servez pas.

Comment choisir une boule de cristal

Les boules de cristal sont extrêmement coûteuses. Les boules de verre fonctionnent tout aussi bien, et on peut les acheter dans les librairies Nouvel âge et chez les fournisseurs de boutiques occultes. Les boules en acrylique sont encore moins chères et sont offertes dans les mêmes magasins. Elles doivent cependant être traitées avec grand soin, car elles marquent facilement. Je trouve qu'elles fonctionnent à la perfection, jusqu'à ce que la surface soit égratignée ou marquée. Si vous en prenez bien soin, elles vous seront très utiles.

Il est préférable de commencer avec un simple verre d'eau ou un miroir, noir ou neutre, avant d'investir de grosses sommes d'argent pour du matériel de divination. Prenez soin des outils que vous utilisez. Exercez vous régulièrement, et voyez ce qui vient à votre conscience. Notez vos progrès et vos résultats. Vous constaterez que plus vous vous exercez, meilleur vous devenez. À un moment donné, vous serez capable de faire de la divination pour beaucoup d'autres raisons, comme de retrouver des objets perdus et de voir l'avenir, en plus de revivre vos vies antérieures.

Il y a un certain nombre de choses que vous pouvez faire si vous éprouvez des difficultés. Attendez de voir la brume laiteuse entourer la boule. Retournez-vous, et comptez lentement jusqu'à 10. Vous devriez toujours réussir à voir le brouillard lorsque vous vous retournez. S'il semble que le brouillard a disparu, attendez qu'il revienne et essayez de nouveau.

Si vous pouvez voir le brouillard, mais que rien n'est visible à l'intérieur, retournez-vous et, pendant quinze secondes, regardez un objet de couleur vive dans la pièce. Retournez-vous, et voyez si vous pouvez superposer dans le brouillard l'image de l'objet que vous regardiez. Quand vous aurez réussi cela, rappelez-vous un incident qui s'est produit dans le passé, et voyez si vous pouvez le transposer dans l'écran de brouillard. Une fois que vous aurez réussi cela, vous ne devriez plus avoir de difficulté à visualiser vos vies antérieures dans la boule.

L'expérience de Melvin

Melvin est un commis de banque de 23 ans qui a suivi mes cours de développement psychique il y a plusieurs années, avec Alice, son amie de cœur. Elle était extravertie, alors que lui était timide et réservé. Son père avait été horloger réparateur, et Melvin avait tout un éventail de vitres d'horloges à la maison. Il avait fabriqué des miroirs noirs pour tous les élèves de ma classe. Il n'en avait cependant pas expérimenté un seul, jusqu'à ce que sa petite amie ait obtenu de bons résultats.

« C'est plus facile que je ne croyais, nous a-t-il dit. J'avais la vitre dans ma poche et j'étais seul dans la cuisinette, au travail. Alice me parlait toujours de ses vies antérieures, alors je me suis dit que je pourrais essayer. Je me suis approché de la fenêtre et j'ai fixé le miroir. Le brouillard est arrivé si rapidement que j'ai changé de position, pensant que c'était à cause de la lumière.

« Puis, j'ai vu une silhouette drapée dans le miroir. C'était un homme à cheval, et je le regardais galoper vers une clairière. Au bout, il y avait une immense maison. L'homme est passé devant la maison pour se rendre près d'une étable, et quelqu'un l'a aidé à descendre de sa monture. Ensuite, une fillette a couru vers lui, en l'appelant "Dadda !" Il s'est retourné et lui a fait un large sourire. Il a mis un genou par terre et la petite fille s'est jetée dans ses bras. »

Melvin s'était arrêté et regardait la classe. Il avait les yeux brillants. « Le cavalier, c'était moi, et ma fille, c'était Alice. »

Alice avait exploré plusieurs de ses vies antérieures, et l'une d'elles semblait être la même que celle que Melvin venait d'exhumer. « J'étais une petite fille, je portais une jolie robe en dentelle et brocard. J'étais dans une bibliothèque. Tous les livres étaient pour les grandes personnes, mais j'étais heureuse, parce que c'était la pièce de mon papa. Je pouvais sentir sa présence, même lorsqu'il n'était pas là. Je me suis assise à son bureau, puis je me suis tenue à la fenêtre, où je regardais la pluie tomber. Je savais qu'il serait bientôt à la maison. Je me suis endormie, le front contre la vitre. Je me suis réveillée quand ma mère est venue me prendre dans ses bras.

"Où est papa?" ai-je demandé.

"Chut, petite fille", a dit ma mère. "Il sera bientôt là."

« Je me suis rendormie, et ma mère m'a mise au lit. Plus tard, je me suis réveillée quand papa est entré dans la chambre pour me souhaiter bonne nuit et m'embrasser. Il s'est assis sur le lit et m'a raconté un conte de fées jusqu'à ce que je me rendorme. »

« Et le papa, c'était moi ! » a ajouté Melvin.

Ce n'est pas inhabituel que deux personnes qui sont proches dans cette vie s'aperçoivent qu'elles ont vécu différentes relations dans leurs vies antérieures. Les gens sont toujours reconnaissables, même si les sexes et les relations changent.

À l'évidence, Melvin s'adonne à la divination à l'aide du miroir avec un grand naturel. Il faut dire qu'il s'y est pris de la bonne manière. Il était détendu et n'avait aucune attente. Il a tout simplement permis à sa vie antérieure de se manifester. S'il avait été anxieux, ou s'il avait abordé cette tâche avec une détermination farouche, l'expérience aurait pu être un échec.

Melvin et Alice sont toujours ensemble. Cela n'est pas étonnant, puisque de toute évidence, un solide lien karmique les unit. Je crois que ce sont des âmes sœurs. Ils ont découvert de nombreuses autres vies antérieures dans lesquelles ils apparaissent tous les deux, ainsi que d'autres existences dans lesquelles ils ne se sont pas retrouvés.

Melvin et Alice utilisent un miroir à divination pour retrouver les souvenirs de leurs vies antérieures. Melvin s'est aperçu qu'il pouvait retourner dans ses vies antérieures avec la même facilité, en utilisant d'autres méthodes, mais il préfère le miroir, parce que c'est rapide et pratique. Alice aime la divination avec le miroir plus que les autres méthodes, mais selon moi, c'est peut-être parce que c'est Melvin qui a fabriqué son miroir à divination.

8

La régression Tic-Tac

Et comme j'ai perdu beaucoup de temps à cette époque,
Je serais content, si Dieu m'accordait de la quitter,
De la retrouver avec la postérité.

Sir Francis Bacon (1561-1626)

Ce n'est pas étonnant que les horloges et les images d'horloges aient fréquemment été utilisées pour aider les gens à retourner dans leurs vies antérieures. Le tic-tac constant d'une horloge nous rappelle que le temps passe. À moins d'en prendre conscience, pour une raison ou une autre, on n'entend habituellement pas le tic-tac d'une horloge. S'ils le remarquent, les gens sont souvent surpris de constater à quel point il est fort.

C'est par hasard que j'ai découvert l'extraordinaire utilité d'une horloge pour les régressions. J'avais remplacé l'horloge de mon bureau par une autre dont le tic-tac était beaucoup plus fort. Comme je trouvais que le son qu'elle émettait était apaisant et reposant, j'ai fait une expérience pour voir si mes clients préféraient cela à la douce musique que j'avais utilisée jusque-là lorsque je les hypnotisais. Comme la majorité aimait cela, j'ai renoncé à la musique enregistrée et j'utilise désormais le tic-tac de l'horloge pour accompagner ma voix lorsque je pratique l'hypnose.

Je me suis également servi de ces méthodes dans mes ateliers et mes cours, pour effectuer des retours dans des vies antérieures. Pour certains, il s'est avéré que c'était la façon la plus rapide et la plus facile de retrouver des souvenirs depuis longtemps enfouis. Toutefois, la plupart des gens ont trouvé ces méthodes plus difficiles que les autres. Je les donne ici par souci d'exhaustivité. Elles méritent d'être essayées, car elles sont hautement efficaces, pour certains individus.

Il y a deux façons distinctes de retourner dans une vie antérieure en se servant du son d'une horloge.

Le tic-tac de l'horloge : méthode un

Première étape : se détendre au son du tic-tac d'une horloge

La première étape consiste à se détendre quelque part, les yeux fermés, avec une horloge qui fait tic-tac à proximité. Idéalement, aucun autre bruit ne devrait compromettre votre concentration.

Deuxième étape : réfléchir à des incidents antérieurs

Repensez à votre vie, et rappelez-vous des incidents concernant une horloge, dont vous pouvez vous souvenir. Peu importe de quel genre d'incident il s'agit. Ce peut être le lent tic-tac de l'horloge, lorsque vous comptiez les minutes au terme d'une journée de travail. Vous pourriez imaginer une scène dans laquelle vous êtes au lit, attendant que la sonnerie du réveille-matin se fasse entendre.

Je me rappelle avoir paniqué dans une bibliothèque, il y a des années, en voyant que l'horloge indiquait l'heure de fermeture, avant que j'aie pu choisir un livre. Adolescent, j'ai passé plusieurs heures de bonheur à la piscine du quartier, et je n'en revenais jamais de voir à quelle vitesse les heures couraient à l'horloge accrochée sur le mur du fond. Mon père avait une collection d'horloges, et je me souviens encore nettement que je me réveillais en pleine nuit et que j'entendais toutes ces horloges sonner les heures, les unes après les autres. J'ai toujours trouvé ces sons apaisants ; je me rendormais presque aussitôt. Ce sont ces scènes qui ressurgissent chaque fois que je fais cet exercice.

Troisième étape : respirer profondément à plusieurs reprises et retourner dans une vie antérieure

Quand vous vous serez ressouvenu de quelques incidents concernant des horloges, prenez quelques profondes inspirations, et remontez dans le temps et l'espace, jusqu'à une expérience vécue dans une vie antérieure, où vous entendez le tic-tac d'une horloge. Quand vous y serez, vous pourrez prendre tout votre temps pour explorer cette vie.

Quatrième étape : revenir au présent

Quand vous serez prêt, vous pourrez revenir au présent de l'une des deux façons suivantes. En pensant aux incidents de votre vie actuelle dont vous vous êtes souvenu avant de retourner dans une vie antérieure, ce qui vous ramènera peu à peu dans le temps présent. Ou encore, en respirant profondément, en comptant en silence de un à cinq, puis en ouvrant les yeux.

Le tic-tac de l'horloge : méthode deux

Première étape : fixer la face de l'horloge

Assoyez-vous directement en face de l'horloge. L'horloge doit être juste devant vous, de manière à ce que vous puissiez voir sa face sans avoir à lever, baisser ou tourner la tête. Fixez l'horloge sans arrêt pendant cinq minutes.

Deuxième étape : fermer les yeux et imaginer l'horloge

Fermez les yeux, et voyez si vous pouvez voir clairement l'horloge mentalement. Si vous arrivez à visualiser l'horloge dans les moindres détails, vous pouvez passer à l'étape suivante. Si vous ne réussissez pas à bien voir l'horloge mentalement, ouvrez les yeux et fixez l'horloge pendant encore cinq minutes. Recommencez jusqu'à ce que vous arriviez à bien visualiser l'horloge.

Troisième étape : enlever les aiguilles

Quand vous pourrez voir l'horloge clairement dans votre tête, enlevez mentalement l'aiguille des minutes tout en continuant à voir le reste de l'horloge. Ensuite, enlevez mentalement l'aiguille des heures, de manière à regarder la face et le boîtier de l'horloge, sans les aiguilles.

Quatrième étape : enlever les chiffres

Enlevez mentalement les chiffres, un par un. Je préfère commencer par le 12, et aller à reculons jusqu'à ce qu'enfin, j'enlève le chiffre 1. Vous pourriez préférer les enlever dans le sens des aiguilles d'une montre, ou tout simplement au hasard. Cela ne fait pas de différence, du moment que vous enlevez tous les chiffres, un à la fois. Enfin, enlevez mentalement toutes les autres inscriptions apparaissant sur la face de l'horloge, par exemple le nom du fabricant. Quand la face sera complètement vierge, laissez-la s'estomper lentement, jusqu'à ce qu'elle disparaisse. Finalement, regardez le boîtier s'estomper jusqu'à ce que toute l'horloge ait complètement disparu de votre esprit.

Cinquième étape : retourner dans une vie antérieure
Quand l'horloge aura disparu, respirez profondément, et laissez-vous emporter dans une existence précédente. Cet exercice a pour but de vous aider à atteindre un état de paix et de tranquillité tel, que le retour dans une vie antérieure deviendra une chose facile à faire.

Sixième étape : revenir au présent
Quand vous serez prêt à reprendre votre routine quotidienne, respirez profondément à cinq reprises. Prenez le temps de vous habituer graduellement à tout ce qui vous entoure, puis ouvrez les yeux.

Il y a peu de chances que vous réussissiez l'un de ces exercices au premier essai. Toutefois, en vous exerçant régulièrement, vous constaterez que cela devient de plus en plus facile de vous détendre suffisamment pour réussir. Puis, un jour, en faisant cet exercice, vous vous retrouverez soudain dans une de vos vies antérieures. Quand vous aurez réussi une fois, vous serez capable de le faire chaque fois que vous en aurez envie.

L'expérience de Carl

Carl est un homme d'affaires bien nanti, à la fin de la cinquantaine. Il s'est marié et a divorcé deux fois. Il s'est inscrit à mes cours dans l'espoir d'apprendre quelque chose sur son objectif de vie. Il se distinguait toujours dans la classe, car il était le seul à porter un complet cravate. Bien que d'un naturel amical, il lui a fallu un moment avant d'arriver à se détendre et à se mêler librement aux autres étudiants. Il m'a expliqué plus tard qu'il avait passé sa vie dans des réunions d'affaires, où il avait appris à exprimer très peu ce qu'il pensait réellement. Par conséquent, il avait du mal à se sentir chez lui dans une classe remplie d'individus qui parlaient ouvertement de leurs expériences et de leurs sentiments.

Carl a été fasciné par l'idée d'avoir déjà vécu. Il n'avait jamais réfléchi au concept de réincarnation avant d'assister à mes cours. Il avait fini par lire tout ce qu'il avait pu trouver sur le sujet, puis avait essayé de lui-même plusieurs méthodes pour retourner dans ses vies antérieures.

Le soir où nous avons fait une régression de groupe, Carl était excité et nerveux. Je me rappelle que les trois quarts de la classe environ étaient retournés dans une vie antérieure, mais Carl n'était pas de ceux-là. Il était terriblement déçu et considérait cela comme un échec.

Après le cours, il était resté pour me poser quelques questions. Je lui avais fait remarquer qu'il avait peut-être essayé trop fort. S'il s'était simplement détendu et qu'il avait laissé émerger les souvenirs, il aurait pu réussir. Il a admis que c'était fort probablement le problème, puis il m'a parlé des autres méthodes qu'il avait essayées.

« Quelle autre méthode puis-je essayer à la maison ? » m'a-t-il demandé.

Je lui ai dit que dans quelques semaines, nous ferions la méthode tic-tac en classe. S'il le désirait, il pouvait s'y exercer seul. Il était ravi d'entendre parler d'une autre méthode de régression, et en partant, il était un peu plus optimiste.

La semaine suivante, il était transformé.

« J'ai réussi ! lançait-il chaque fois qu'un étudiant entrait dans la classe. Je connais deux de mes vies antérieures. »

Il était tellement excité de cela que je lui ai demandé de raconter son expérience devant tout le monde.

Après la dernière leçon, il était rentré chez lui et avait lu pendant une heure environ, avant de se mettre au lit. Ne se sentant pas fatigué, il était resté étendu dans son lit et avait visualisé une horloge au plafond, juste au-dessus de sa tête. Il avait trouvé cela facile. Peu à peu, il avait fait disparaître les différentes pièces de l'horloge, jusqu'à ce que l'horloge elle-même ait complètement disparu.

« J'ai fait 10 bonnes respirations, nous a-t-il raconté. Je craignais de ne pas me rendre plus loin tellement la première partie était facile. Puis, soudain, j'étais un petit enfant assis devant la cheminée, dans le salon de ma grand-mère. Elle n'était pas dans la pièce avec moi, mais je savais qu'elle était ma grand-mère. J'entendais le tic-tac de son horloge grand-père derrière moi.

« Je savais que j'étais celui que je suis aujourd'hui, mais j'étais aussi ce petit garçon d'il y a deux cents ans. Je me trouvais quelque part en Europe, probablement aux Pays-Bas, si je me fie à l'ameublement.

« J'entendais grand-mère chanter dans la cuisine, tout en préparant le repas. C'était une chanson triste, mais je la trouvais belle. Je suis allé dans la cuisine, et j'ai enlacé ses jupes. Elle a ri et m'a fait un câlin.

« "Alors, mon petit homme revient à la vie", a-t-elle dit. Puis, je me suis souvenu de tout. Un jour, j'étais sorti avec mes parents. Mon père s'était querellé avec un homme. Ils s'étaient battus, et mon père avait reçu un coup de poignard. Il s'était écroulé au sol, et l'autre homme avait pris la fuite. Ma mère tenait mon père dans ses bras, pendant que son sang formait une flaque sans fin sur les pavés. J'étais resté à l'écart ; je fixais la scène, incapable de faire quoique ce soit.

« Finalement — cela a dû aller très vite, mais ça m'a semblé une éternité — d'autres gens ont accouru pour lui venir en aide, mais il était trop tard. Ma mère s'est redressée et a crié. Son cri était perçant ; on aurait dit un animal. Elle m'a regardé, mais elle ne me reconnaissait plus. J'ai fait un pas vers elle, mais son regard m'a figé sur place. Ensuite, j'ai tourné les talons et j'ai couru.

« On m'a retrouvé près de la rivière deux jours plus tard, et c'est ma grand-mère qui m'a recueilli. J'ai appris par la suite que ma mère était dans un asile. Elle y est morte au bout de quelques années.

« Ma grand-mère était devenue ma mère ; elle était folle de moi. Grâce à son insistance et à ses encouragements, je suis devenu avocat. Elle a vécu longtemps, et j'ai pris soin d'elle dans son vieil âge. »

Le sourire fendu jusqu'aux oreilles, Carl regardait la classe. « Je peux voir cette scène aussi clairement que je vous vois. C'est la chose la plus remarquable qui ne me soit jamais arrivée, en tout cas, dans cette vie. »

« Avez-vous été heureux ? ai-je demandé. Est-ce que vous aviez une femme et des enfants ? »

« Non, je crois qu'il n'y a jamais eu personne de spécial dans ma vie. Je travaillais presque tout le temps, mais j'étais heureux. J'étais vraiment heureux. »

« Vous avez mentionné deux vies antérieures », a dit un des autres étudiants.

Carl a fait signe que oui.

« C'est juste. J'ai refait l'exercice le lendemain, à mon réveil, et je suis retourné dans la même vie antérieure. Je me suis dit que je recommencerais le même soir, mais plutôt que de me retrouver dans cette vie, je suis retourné dans une vie antérieure beaucoup plus ancienne.

« Je n'ai pas une once de musicalité, mais il semble que j'étais troubadour ou ménestrel, quelque chose comme ça, dans cette existence. Ce devait être en Angleterre. Je voyageais, je chantais et j'amusais les gens, et ils me donnaient de l'argent. Parfois, j'étais seul. D'autres fois, je faisais partie d'un groupe. Il m'a semblé que je n'avais pas de domicile.

L'hiver, j'allais au sud et à l'ouest, et j'attendais le retour du beau temps pour rentrer et me remettre à voyager.

« Je crois avoir été assez heureux. Mais ma vie n'a pas été longue. J'ai pris froid et je suis mort sous une haie, au beau milieu de nulle part. Il pleuvait, c'était presque le blizzard, et j'étais heureux de laisser cette vie derrière moi. »

Carl s'était tourné vers moi. « Je n'avais ni femme ni compagne dans cette vie non plus, a-t-il ajouté. Est-ce pour cela que j'ai divorcé deux fois dans ma vie actuelle ? »

« Je ne serais pas aussi affirmatif, lui ai-je répondu. Vous devez avoir vécu de nombreuses autres vies. Vous devrez en examiner plusieurs autres pour voir si l'absence de compagne est un facteur commun dans la majorité des cas. »

Sans raison apparente, j'avais présumé que Carl était heureux de vivre seul. En fait, il cherchait désespérément une compagne. C'était sans doute une des raisons qui l'avaient incité à venir assister à mes cours, car la plupart de mes étudiants étaient des femmes.

Au cours des semaines qui ont suivi, Carl est retourné dans de nombreuses vies antérieures. Fait intéressant, peu importe qu'il ait été homme ou femme, il semble bien qu'il ait toujours été seul.

Carl a fini par retrouver une vie où il avait eu une compagne. Cela se passait vraisemblablement en Asie centrale, où ils ne faisaient qu'assurer leur survie. Il semble que sa femme était toujours malade. Malgré cela, elle accouchait d'un enfant par année, mais presque tous mouraient avant d'avoir atteint l'âge de trois ans.

Carl traitait sa femme avec mépris. Il se souvenait parfaitement qu'il criait sans cesse après elle. Il la violait constamment et la battait quand il était ivre. Cela n'arrivait pas souvent, car l'alcool était un luxe qu'il pouvait rarement se payer. Mais un soir, alors qu'il était en rage de boisson, il était allé trop loin et avait failli la tuer. Plus tard, pendant qu'il dormait, elle avait pris un bâton et l'avait tué.

Carl avait eu du mal à relater cette vie antérieure devant la classe.

« Comment ai-je pu être ainsi ? s'interrogeait-il. Dans toutes mes autres vies, j'étais quelqu'un d'empathique et de doux. Pourtant, dans cette existence, j'étais une brute. »

Il est difficile de répondre à ce genre de questions. Peut-être Carl est-il revenu à de nombreuses reprises pour expier sa méchanceté dans cette vie antérieure. Peut-être n'a-t-il pas connu de relation stable depuis, vu la manière dont il traitait sa femme.

Après la leçon, Carl m'a avoué n'avoir pas été un bon mari dans chacun de ses mariages. « Le travail prenait toujours toute la place, a-t-il dit. Je suis indéniablement un bourreau de travail. En plus, j'ai eu des liaisons durant mes deux mariages. Je suppose que je suis très lent à comprendre. »

Carl essaie toujours de trouver une compagne. Par contre, il a maintenant une image plus nette de ce qu'il a vécu dans le passé et de ce qu'il souhaite vivre à l'avenir.

Carl a été le seul, dans cette classe particulière, à réussir une régression à l'aide de la technique de l'horloge. En fait, il l'utilisait constamment, car il ne voulait pas prendre le risque d'échouer en essayant une autre méthode. Je crois qu'il savait très bien que cela ne se serait pas produit. Mais il n'était pas prêt à en faire l'essai.

9

Fascinations, aptitudes et intérêts

Les naissances nous ont apporté richesse et diversité,
Et d'autres naissances nous apporteront richesse et diversité...
Walt Whitman

Nous possédons tous des aptitudes et des talents innés. Certains sont nés avec des talents pratiques. Naturellement, c'est dans les travaux pratiques qu'ils réussissent le mieux. D'autres sont nés avec le rythme dans le sang. Ceux-là deviennent chanteurs, danseurs ou musiciens. Une dame de mes connaissances est venue au monde avec une habileté naturelle pour réconforter les autres et prendre soin d'eux. Elle est devenue infirmière et dirige actuellement un hôpital gériatrique.

D'où nous viennent ces habiletés innées ? L'hérédité y est pour quelque chose, mais il arrive souvent qu'un enfant naisse avec une aptitude ou un talent qui semble ne venir de nulle part. Je crois que ces aptitudes prennent leur source dans des vies antérieures. Cela nous aide à expliquer le phénomène des enfants prodiges.

Il est fort possible que Mozart ait été musicien dans plusieurs vies antérieures, avant de renaître sous les traits de Wolfgang Amadeus Mozart. À l'âge de quatre ans, il jouait déjà très bien du piano et, à peine un an plus tard, il composait des morceaux pour cet instrument. Mozart était né dans une famille de musiciens ; son père était compositeur et violoniste.

Par contre, la famille de George Frédéric Handel était tout le contraire. Il semble bien qu'aucun de ses ancêtres n'ait été musicien. Son père était chirurgien barbier ; il s'opposait à l'intérêt de son fils pour la musique et voulait qu'il soit avocat. Sa mère ne l'encourageait pas davantage. Il a néanmoins composé des œuvres aussi immortelles que *Water Music Suite* et le *Messie*. Son remarquable talent n'avait rien à voir avec l'hérédité.

Selon Socrate et Platon, tout savoir n'est que souvenirs. Henry Ford exprimait le même avis, lorsqu'il disait : « Le génie est l'expérience. Certains semblent penser qu'il s'agit d'un don ou d'un talent, mais c'est le fruit d'une longue expérience acquise au fil de nombreuses vies. Certaines âmes sont plus anciennes que d'autres, aussi sont-elles plus savantes[1]. »

Le cas de Sir William Hamilton (1730-1803) est un exemple fort intéressant qui ajoute de la crédibilité à cette hypothèse ; diplomate éminent, il était aussi antiquaire. Alors qu'il était enfant, il avait écrit une lettre à l'ambassadeur de l'Iran ; il n'avait toutefois pas utilisé un langage moderne. Il s'était servi d'une écriture ancienne qui n'avait pas été utilisée depuis des siècles[2]. Ce n'était d'ailleurs qu'une des 13 langues qu'il pouvait parler avant d'atteindre l'âge de 13 ans. D'où lui venaient toutes ces connaissances ?

La « xénoglossie » est la capacité de parler une langue étrangère que l'on n'a pas sciemment apprise. C'est un phénomène rarissime, mais un certain nombre de cas ont déjà été étudiés. Parmi ces cas, il y a celui de Viviane Silvino, née à São Paulo en 1963. Bien que la langue en usage au Brésil soit le portugais, Viviane s'était mise à dire des phrases en italien. Avant l'âge de deux ans, elle avait appelé sa sœur *mia sorella* et sa poupée *bambola*. Une fois, sa mère aurait dit à quelqu'un ne connaître personne qui parlait italien. Viviane aurait aussitôt répliqué : « *Lo parlo* », ce qui signifie « Moi, je le parle ». En grandissant, la raison expliquant la connaissance de l'italien de Viviane est devenue évidente. À un moment donné, Viviane avait commencé à se souvenir d'expériences d'une vie antérieure à Rome, durant la Seconde Guerre mondiale. Elle avait peur des avions, et c'était à cause des raids aériens qu'elle avait connus dans sa vie antérieure[3].

Pendant une régression hypnotique dans une vie antérieure à l'époque du roi Louis XIV, le célèbre acteur Glenn Ford pouvait parler français couramment. Dans sa vie quotidienne, il pouvait dire à peine quelques phrases en français, mais en cours de régression, il parlait le français parisien des années 1670[4].

Si, en réalité, tout savoir n'est que souvenir, vous avez à votre disposition un grand nombre de champs d'intérêts et de talents susceptibles de vous donner des indices concernant vos vies antérieures. J'ai déjà mentionné un de mes clients réguliers qui, dans chacune des existences qu'il avait explorées, avait toujours été habile de ses mains. À la naissance, il a reçu le talent de la dextérité manuelle, et ce talent s'est développé tout au long de nombreuses incarnations, de sorte qu'aujourd'hui, il peut à peu près tout faire de ses mains.

Quels talents avez-vous ? Êtes-vous, dans votre famille, la personne que tout le monde consulte, lorsque les choses vont mal ? Avez-vous la bosse des mathématiques ? Un intérêt pour une certaine période de l'histoire ? Êtes-vous collectionneur ? Il est possible qu'un passe-temps ou un intérêt particulier vous donne des indices concernant vos vies antérieures.

Un de mes amis, officier de l'armée à la retraite, se souvient de nombreuses batailles célèbres du passé, parmi lesquelles, la bataille de Hastings. De toute évidence, dans sa vie actuelle, la carrière militaire était le choix le plus sensé qu'il pouvait faire, puisqu'il poursuivait une carrière amorcée il y a plusieurs milliers d'années. Plusieurs militaires célèbres se sont souvenus de leurs vies antérieures, parmi lesquels, le général George Patton et le maréchal en chef de l'Air Lord Dowding, qui a écrit un excellent ouvrage sur la réincarnation, intitulé *Lychgate*. Napoléon Bonaparte croyait avoir vécu de nombreuses vies, dont une où il était l'empereur Charlemagne et une autre où il était Alexandre le Grand.

Un jeune homme de mes connaissances a toujours été fasciné par tout ce qui concernait la Grèce antique. Très jeune, il connaissait toutes les légendes et tous les mythes grecs, et il continue à apprendre tout ce qu'il peut sur cette ancienne civilisation. Pas étonnant, alors, qu'il soit retourné directement dans une vie qu'il avait vécue en Crête, il y a environ 2 500 ans, lorsque je lui ai fait faire une régression dans une vie antérieure.

Vous devrez peut-être réfléchir sérieusement pour déterminer les talents particuliers que vous possédez. La plupart des gens ont tendance à se sous-estimer et à croire qu'ils ne possèdent aucune force ni aucun talent particuliers. Demandez aux gens qui vous connaissent bien de vous dire quels sont vos attributs particuliers. Vous pourriez être surpris de ce qu'ils vous révéleront.

Il est intéressant de voir à quel point des aptitudes qui nous servent plus tard dans la vie sont apparues à un âge très précoce. J'ai toujours voulu écrire, et je possédais un petit hebdo local que je distribuais dans le voisinage. Une de mes amies d'enfance aimait jouer à tenir boutique. Plus tard, elle s'est orientée vers le commerce de détail et possède aujourd'hui une chaîne de boutiques de mode très en vue. A-t-elle pu acquérir les aptitudes essentielles au commerce de détail dans des vies antérieures ? Réfléchissez bien aux champs d'intérêt qui étaient les vôtres durant votre enfance, car ils vous fournissent des indices positifs sur vos vies antérieures. Même les jeux de votre enfance peuvent vous donner des indices sur vos vies passées.

Prenez le temps de réfléchir à vos champs d'intérêt. Écrivez-les, si vous pensez que cela peut vous aider. Quel genre de nourriture aimez-vous ? Bien sûr, un amour de la pizza et des pâtes n'indiquera pas nécessairement que vous avez vécu en Italie, mais ce pourrait être un indice. Par contre, si vous constatez que plusieurs de vos préférences sont également reliées à l'Italie, il est fort possible que vous ayez vécu au moins une vie en Italie. C'est l'avantage de tout prendre en note. Autrement, vous pourriez ne pas remarquer qu'une certaine région géographique ou une certaine époque de l'histoire revient de façon récurrente.

Y a-t-il une chose que vous avez toujours voulu faire, sans jamais en avoir la possibilité ? Si, par exemple, vous avez toujours voulu jouer du piano, il se peut que vous tentiez de poursuivre une activité amorcée dans une vie précédente. Cela est d'autant plus probable si vous êtes fasciné par les pièces de musique pour piano datant d'une certaine époque.

Vos aversions et vos blocages peuvent également vous fournir des indices valables. Si, dans une vie précédente, on vous punissait pour telle chose, il se peut que vous désiriez à tout prix vous tenir loin de cette chose durant cette incarnation. Pour avoir affirmé sans relâche que les baguettes de sourcier n'étaient pas des instruments du diable, un de mes clients a failli se faire tuer dans une vie précédente. Dans sa vie actuelle, il refusait de tenir une baguette de sourcier, jusqu'à ce qu'il ait découvert ce blocage et qu'il s'en soit libéré. Aujourd'hui, cet homme est un sourcier extrêmement compétent, et c'est dans l'ordre des choses, puisqu'il a derrière lui au moins deux vies d'expérience en tant que sourcier.

La méditation sur le talent

Première étape : réfléchir aux talents

Lorsque vous savez quels sont vos talents, vos aptitudes et vos champs d'intérêt, tout ce qu'il vous reste à faire, c'est de méditer dessus. Assoyez-vous quelque part où vous ne risquez pas d'être dérangé, fermez les yeux, et pensez à vos talents particuliers. Pensez au plaisir que vous ressentez lorsque vous vous servez de ces talents. Pensez à ce que vous aimeriez faire avec ces aptitudes dans l'avenir. Pensez à des moments, dans le passé, où l'on vous a reconnu pour votre talent. Cette reconnaissance peut ne pas être venue des autres. Elle peut être venue d'en dedans de vous, comme à une occasion où vous saviez que vous aviez vraiment bien fait telle chose. Vous pourriez être surpris de ce qui vous revient en mémoire.

Lorsque je pense à la musique de cette manière, mon esprit me ramène à une occasion où j'ai joué du piano et conduit la chorale lors d'un concert de l'école du dimanche, quand j'avais 17 ans. J'avais complètement oublié cet après-midi, jusqu'à ce que je fasse cet exercice, et il m'est revenu aussi clairement que si ça avait été la veille. Durant le concert, je savais que je faisais du bon travail, et les félicitations des autres avaient renforcé ce sentiment positif.

Néanmoins, avec le temps, j'avais complètement oublié cet incident. En faisant cet exercice, il est fort probable que vous retrouverez vous aussi des souvenirs enfouis.

Deuxième étape : réfléchir à des souvenirs anciens où un talent ou des aptitudes entrent en jeu

Prenez votre temps, et revivez ces souvenirs aussi longtemps que vous le souhaitez. Chaque fois que vous finissez de penser à un souvenir agréable du passé, voyez si vous pouvez vous remémorer un incident plus lointain mettant ces aptitudes à profit.

Chaque fois que vous faites cette expérience, vous constaterez que d'autres détails vous reviennent en mémoire. Un jour, en faisant cet exercice, je me suis souvenu d'un incident concernant la musique, alors que j'étais en première année. Mon professeur, Mlle Donald, gardait, rangés dans un placard dans le coin de la classe, divers instruments de musique. Ils me fascinaient. Un jour, j'ai pris mon courage à deux mains et je lui ai demandé quand nous allions en jouer. Elle a répondu que cela arriverait le jour où tous les élèves auraient appris à rester bien tranquilles dans la classe. Hélas, ce jour n'est jamais arrivé, et nous n'avons jamais pu jouer d'aucun instrument. Là encore, c'était un incident que j'avais oublié, même s'il avait été très important pour moi à ce moment-là. Je mourais d'envie de jouer de ces instruments, mais on ne m'en avait jamais donné la permission.

Troisième étape : laisser ce talent faire ressurgir une vie antérieure

Quand vous aurez déniché le souvenir le plus ancien possible en lien avec votre talent ou aptitude, vérifiez si vous pouvez retourner encore plus loin dans le passé. Ne vous inquiétez pas si rien ne vous revient en tête lorsque vous faites cet exercice. Vous devrez peut-être le répéter de nombreuses fois avant qu'un souvenir plus ancien ne fasse surface. Il pourrait s'agir d'un souvenir d'une incarnation passée, mais ce pourrait aussi être un souvenir de votre vie actuelle. Si c'est le cas, réfléchissez-y, prenez plaisir à le revivre, puis essayez de retourner encore plus loin dans le passé. En faisant cet exercice, je me suis souvenu que ma mère chantait pour m'endormir, quand j'étais à peine plus âgé qu'un nourrisson. Si vous consacrez assez de temps à cet exercice, vous serez étonné des souvenirs qui vous reviendront en mémoire.

À la fin, vous n'aurez plus aucun souvenir de votre vie actuelle ayant trait à votre talent. Vous retrouverez cependant de nombreux souvenirs de vies précédentes, qui n'attendent qu'à être révélés. Restez calme, mais soyez persuadé que ces souvenirs vous reviendront. La première fois que j'ai fait l'exercice, je n'ai rien vu, mais j'ai entendu la musique de Haydn et j'étais convaincu que je jouais du violon dans un orchestre. Je n'ai jamais joué du violon durant ma vie actuelle, mais j'étais sûr que c'était bien ce que je faisais. Des séances répétées ont peu à peu clarifié la scène, et je me suis vu dans une pièce magnifique, jouant de nouveau du Haydn devant un auditoire restreint d'environ 20 personnes. J'étais heureux, je faisais partie d'un petit orchestre de chambre et je savourais la musique. Tous les membres de cet orchestre étaient mes amis, et nous avions du plaisir à jouer ensemble. Le chef était un jeune homme que je ne connaissais pas, mais c'était clair qu'il avait beaucoup de sympathie pour la musique, et nous prenions tous plaisir à jouer avec lui.

Je connais des gens qui sont retournés dans une vie antérieure après avoir fait cet exercice une fois et sans effort, mais la plupart constatent que cela leur prend un peu plus de temps. Si j'en crois mon expérience, les chances sont que vous retrouviez de faibles traces d'une vie antérieure, qui deviendront peu à peu plus claires, chaque fois que vous répéterez l'exercice. Bien sûr, une fois que vous aurez réussi à exhumer un souvenir, vous pourrez continuer et explorer cette vie de façon aussi détaillée que vous le voudrez.

Quatrième étape : revenir au présent

Prenez tout le temps que vous voulez pour explorer cette vie antérieure. Quand vous sentirez qu'il est temps de revenir au présent, prenez quelques profondes inspirations, puis prenez conscience de l'endroit où vous êtes assis ou allongé. Dites-vous bien que maintenant que vous avez redécouvert cette vie antérieure, vous pourrez y retourner aussi souvent que vous le voudrez. Quand vous vous sentirez prêt, ouvrez les yeux.

L'expérience de Judelle

Judelle enseigne au niveau primaire. Dans ses moments de loisir, elle fait de la poterie. Ses pièces ont remporté plusieurs prix, et elle vend presque tout ce qu'elle produit. Elle voulait savoir si son talent naturel pour façonner l'argile était le produit de nombreuses vies antérieures ou si c'était quelque chose de nouveau dans sa vie actuelle.

Elle s'est assise au soleil à l'extérieur de son atelier, a fermé les yeux et a fait un retour dans le temps. Elle a pensé à la première fois où elle avait remporté un prix et à la fierté qu'elle avait éprouvée. Elle s'est ensuite remémoré une occasion, à l'école, où son professeur l'avait complimentée pour son travail. Dans le souvenir suivant, elle avait sept ans. Sa famille était partie en vacances, et Judelle s'était liée d'amitié avec une femme, une potière bien connue dans la région. Celle-ci avait permis à Judelle de façonner l'argile sur son tour et, voyant naître l'intérêt de l'enfant, avait fait cuire une des premières pièces de Judelle, pour qu'elle puisse l'emporter chez elle.

Judelle a ensuite tenté de retourner plus loin dans le passé. Rien ne lui est revenu en mémoire. Elle a patienté de longues minutes. Elle était sur le point d'abandonner quand elle a eu l'impression de tanguer. C'est alors qu'elle s'est rendu compte qu'elle était assise dans un bateau qui voguait sur le Nil. En voyant les hommes qui ramaient à l'unisson, elle a compris qu'elle était quelqu'un d'important. Ne voulant pas faire l'effort d'y réfléchir, elle s'était allongée sur des coussins luxueux et avait jeté un regard impérieux sur les gens qui travaillaient sur la rive. Elle avait remarqué que certains d'entre eux transportaient de l'argile, mais c'était une pensée fugitive, aussitôt oubliée.

La randonnée en bateau lui avait semblé interminable, mais ils avaient fini par accoster à une petite jetée. Un groupe de gens l'attendaient. Elle pouvait dire qu'ils étaient nerveux. Ils l'avaient escortée jusqu'à un temple qui était à moitié terminé. Près de l'entrée, elle avait fait une pause et avait observé une jeune femme qui fabriquait une coupe en argile. Elle savait que les gens étaient pressés d'entrer dans le temple, mais elle était fascinée par la manière dont le gobelet prenait forme à partir d'une motte d'argile. Elle avait pris un peu d'argile et avait commencé à la façonner. Elle était consciente de la consternation qu'elle causait, et cela l'incitait à redoubler d'efforts.

Tandis qu'elle pétrissait et façonnait l'argile, le temps s'était arrêté. Elle avait continué jusqu'à ce que son père apparaisse sur les marches du temple. Il n'avait pas aimé le comportement de sa fille et, très en colère, avait ordonné au groupe d'entrer dans le temple. À contrecœur, Judelle avait mis de côté la pièce d'argile, avait franchi les marches et était entrée dans le temple d'un pas traînant.

« Tout cela ne m'est pas revenu en une seule séance, m'a dit Judelle. J'ai d'abord retrouvé de petites traces de l'événement, puis, peu à peu, il m'est apparu, et pas nécessairement quand je faisais exprès d'y penser, non plus. C'est très étrange, mais ces souvenirs sont si nets et vivants. J'ai du mal à croire que cela s'est passé il y a des milliers d'années ! »

Depuis, Judelle a découvert de nombreuses vies antérieures durant lesquelles son attirance et son amour de la poterie sont évidents. Le fait de savoir cela a augmenté sa motivation à devenir potière à plein temps et à faire autant de progrès qu'elle en est capable dans sa vie actuelle.

10

Déceler les sources des vies antérieures

Je crois qu'il existe vraiment une chose telle que vivre de nouveau, que la vie prend sa source dans la mort, et que les âmes des morts ont une existence.

Socrate (469-399 av. J.-C.)

La rhabdomancie est la possibilité de trouver une chose qui est cachée, habituellement de l'eau ou un minerai qui se trouve sous terre. On peut toutefois utiliser cette habileté pour trouver à peu près n'importe quoi. Par exemple, je me sers régulièrement de cette technique pour trouver des objets que mes enfants ont égarés. Traditionnellement, les sourciers utilisaient des baguettes en forme de fourche, mais on peut utiliser divers objets. Certaines personnes parviennent à le faire avec leurs mains. Uri Geller est un excellent exemple de quelqu'un qui s'adonne à la rhabdomancie de cette façon[1].

La rhabdomancie est très ancienne. Au plus profond des cavernes de Tassili-n-Ajjer, dans le sud-est de la Libye, il y a des pictogrammes illustrant un groupe de personnes qui observent un sourcier qui utilise un bâton en forme de fourche. On estime que ces dessins datent de 8 000 ans[2].

N'importe qui peut apprendre la rhabdomancie, mais certains sont naturellement plus doués que d'autres dans ce domaine. Les enfants s'y adonnent tout naturellement ; par contre, les adultes doivent parfois apprendre à suspendre leurs doutes, pour y parvenir. Dans des cas extrêmes, j'ai constaté que si le rhabdomancien pose une main sur une des épaules de l'élève, la réponse finit par arriver. Et même si, de nos jours, on n'entend plus parler de la rhabdomancie comme autrefois, il y a des rhabdomanciens partout. On peut trouver des chapitres de l'American Society of Dowsers dans à peu près tous les États, et si vous les contactez, vous rencontrerez de nombreux rhabdomanciens enthousiastes. Ce sont des gens amicaux qui vous aideront avec plaisir.

À l'évidence, si l'on peut utiliser la rhabdomancie pour trouver tout ce qui est caché, on peut tout aussi bien s'en servir pour déterrer nos vies antérieures. La rhabdomancie peut s'utiliser seule ou en combinaison avec d'autres méthodes. En fait, j'utilise souvent la rhabdomancie combinée à la régression hypnotique, pour donner une image claire de certaines vies antérieures.

Les rhabdomanciens emploient toute une variété d'instruments. Les outils les plus faciles à utiliser, lorsqu'on fait de la rhabdomancie pour retrouver ses vies antérieures, sont les baguettes à angle et les pendules.

Les baguettes de sourcier

Il existe deux principales façons d'utiliser la rhabdomancie pour retrouver des vies antérieures. La première consiste à se servir de baguettes de sourcier qui sont constituées de deux bouts de câble métallique en forme de L. Les miennes mesurent 30 centimètres sur 15. Vous pouvez acheter des baguettes de sourcier dans les boutiques nouvel âge, mais il est facile de fabriquer les vôtres à partir de cintres en métal. Tenez-les entre vos mains sans serrer, à la hauteur de la poitrine, les sections de 30 centimètres face vers l'extérieur, et parallèles l'une à l'autre. Vous pouvez poser des questions à vos baguettes qui exigent une réponse « oui » ou « non ». Normalement, quand je fais cela, mes baguettes de sourcier se croisent pour dire « oui » et ne bougent pas lorsque la réponse est « non ».

Vous devrez tester vos baguettes, pour déterminer le genre de réponse qu'elles vous donneront. Pour ce faire, vous devez leur poser une série de questions, et voir le type de réponses qu'elles vous donnent. Voici les questions à poser :

« Est-ce que je m'appelle [...] ? »
« Est-ce que j'ai [...] ans ? »
« Est-ce que j'habite au *[adresse]* ? »

La première fois que vous poserez ces questions, vous devrez donner la bonne information en ce qui a trait à vos noms, âge et adresse. Les baguettes de sourcier devraient répondre chaque fois le même « oui ».

Posez les mêmes questions de nouveau, mais cette fois, donnez une information erronée. Les baguettes sont censées vous donner la même réponse négative aux trois questions.

Finalement, posez les questions dans le désordre, en donnant parfois la bonne information, parfois la mauvaise. Quand vous aurez terminé cet exercice, vous saurez comment réagissent vos baguettes pour indiquer une réponse positive et une réponse négative.

Il faut du temps et de la répétition pour apprendre à bien tenir vos baguettes entre vos poings fermés. Vous devez les tenir sans les serrer, de manière à ce qu'elles puissent bouger pour indiquer une réponse. Bien des gens les tiennent trop serrées et, conséquemment, ne reçoivent aucune réponse. Pour remédier à cela, il faut désassembler deux stylos à bille sans grande valeur et insérer dans les barillets les branches courtes de vos baguettes. Vous pourrez serrer les barillets de toutes vos forces, les baguettes seront toujours à même de bouger librement à l'intérieur de leur gaine de plastique.

Quand vous aurez pris l'habitude d'utiliser vos baguettes de sourcier, vous pourrez commencer à leur poser des questions sur vos vies antérieures.

Première étape : déterminer la période des vies antérieures

Commencez par demander si vous êtes né au XXe siècle, dans votre plus récente vie. Si la réponse est négative, posez la même question à propos du XIXe siècle. Continuez ainsi, de siècle en siècle, jusqu'à ce que vous obteniez une réponse positive.

Demandez ensuite si vous êtes né durant la première moitié de ce siècle. Sinon, posez la même question en mentionnant la seconde moitié du siècle. Vous savez déjà que la réponse sera positive, mais cela ne fait pas de mal de vérifier.

Posez la question concernant les différentes décennies et, finalement, demandez si vous êtes né en telle ou telle année, jusqu'à ce que vous obteniez une réponse positive. Si vous le souhaitez, vous pouvez ensuite déterminer le mois et le jour de votre naissance, en procédant de la même manière. La plupart du temps, je ne prends pas la peine de faire tout ceci dès le départ; je le fais seulement plus tard, si je considère que cela pourrait m'aider à vérifier des détails concernant cette vie antérieure.

Bien sûr, vous ne voudrez pas nécessairement explorer votre plus récente vie antérieure. Vous voudrez peut-être explorer une vie antérieure qui a créé un karma qui influence votre vie actuelle. Ou encore explorer l'existence la plus récente que vous avez passée avec votre partenaire actuel. Il suffit de demander ce que vous voulez, puis de poursuivre l'exercice jusqu'à ce que vous trouviez l'époque où cela s'est produit.

Deuxième étape : déterminer le lieu de résidence

Quand vous aurez retrouvé l'année de votre naissance, vous pourrez poser des questions concernant le pays où vous viviez. Repassez l'alphabet en demandant si le nom de votre patrie commençait par un A, par un B, et ainsi de suite. Naturellement, si vous pressentez être venu au monde à un certain endroit, vous pouvez immédiatement demander à vos baguettes si c'est bien le cas.

Troisième étape : découvrir son identité

Il est facile de déterminer votre sexe dans cette vie antérieure. Il est beaucoup plus difficile de savoir quel était votre nom. D'habitude, je repasse l'alphabet de nouveau, en demandant si la première lettre de mon nom était un A, et ainsi de suite.

Quatrième étape : découvrir son métier

Vous pouvez déterminer le métier que vous exerciez en procédant comme aux étapes précédentes. Afin de gagner du temps, je commence normalement par vérifier certains types de métiers. Je demande si j'étais agriculteur, enseignant, médecin, musicien, et ainsi de suite, en me concentrant sur des métiers que je sais avoir déjà exercés durant d'autres existences.

Cinquième étape : les gens importants dans une vie antérieure

Je gagne aussi du temps en demandant si des gens importants faisant partie de ma vie actuelle étaient avec moi dans ma vie antérieure. Les personnes dont je m'informe sont mes parents, ma femme, mes enfants, et une poignée d'amis et de proches.

Sixième étape : la situation matrimoniale et familiale

Je poursuis en posant des questions sur ma situation matrimoniale : si j'ai eu des enfants, si j'étais riche ou pauvre, en santé ou malade, et ainsi de suite. Naturellement, je veux aussi connaître le moment de mon décès.

Bien sûr, deviner une vie antérieure à l'aide de cette méthode est un processus lent et ardu, sans résultat immédiat, et certes pas aussi excitant qu'une régression hypnotique. Cependant, la rhabdomancie fonctionne extrêmement bien avec d'autres méthodes, et cela vous permet d'obtenir toutes sortes de détails que vous pourriez oublier de demander, ou auxquels vous ne penseriez même pas, pendant une régression hypnotique. Par exemple, la rhabdomancie est extrêmement efficace pour donner des dates et des lieux précis. C'est une information vitale si vous avez l'intention de poursuivre la régression en faisant de plus amples recherches. Des détails comme ceux-ci ne ressortent pas toujours dans d'autres types de régressions.

Les pendules

Bien que j'utilise les baguettes de sourcier pour certaines occasions, je préfère personnellement utiliser un pendule lorsque je veux fouiller une vie antérieure. Il y a plusieurs raisons à cela. Un pendule est simplement un petit poids attaché à une chaînette ou à un bout de ficelle. Il est donc plus pratique que les baguettes. Mais, plus important encore, comme vous n'êtes pas limité à des réponses comportant simplement « oui » ou « non », vous pouvez lui poser une plus grande gamme de questions. Cela accélère le processus.

L'abbé Alexis Mermet, prêtre français, a été le plus célèbre spécialiste du pendule de tous les temps. Il se servait de son pendule surtout pour diagnostiquer la maladie et la guérir, mais pour beaucoup d'autres choses aussi. De son bureau situé à Saint-Prex, près de Genève, il a localisé des obus allemands non explosés qui étaient restés dans le sol français après la Première Guerre mondiale. Il a également localisé de l'eau pour une école de Colombie, en Amérique du Sud. Après qu'on eut trouvé l'eau à l'endroit exact qu'il avait indiqué, le recteur a écrit à l'abbé Mermet pour le remercier et pour lui demander s'il pourrait se servir de son pendule pour trouver du pétrole ou quelque minerai de valeur sur la propriété. Une autre fois, l'abbé Mermet a localisé une vache égarée et a pu dire au fermier, qui n'en croyait pas ses oreilles, que la vache était tombée dans un précipice de 100 mètres de profondeur. Il avait ajouté que la vache reposait là, les quatre pieds en l'air. Et c'était bien le cas[3]. L'abbé Mermet était aussi célèbre pour avoir retrouvé des personnes portées disparues. En mai 1935, ses œuvres ont été reconnues par le Vatican.

Votre pendule peut être à peu près n'importe quel objet que l'on peut suspendre. J'ai utilisé un trombone attaché au bout d'une corde lorsque je ne disposais de rien d'autre. Le poids idéal est d'environ 100 grammes. Si le pendule est trop lourd, votre bras sera vite fatigué. Les meilleurs poids sont ronds ou symétriques. Au fil des ans, j'ai amassé une grosse collection d'articles nouveaux que l'on peut utiliser comme pendules. Mes enfants disent à la blague que je dois utiliser la rhabdomancie pour savoir quel pendule convient le mieux à une tâche particulière.

Tenez le fil du pendule entre le pouce et l'index de votre main droite, si vous êtes droitier. Si vous êtes gaucher, servez-vous de votre main gauche. Posez le coude sur la table, et laissez le poids se balancer librement, à trois centimètres environ de la surface de la table.

Arrêtez le mouvement du pendule à l'aide de votre main libre. Quand il aura cessé de bouger, demandez-lui de vous indiquer quel mouvement indiquera un «oui». Il y a quatre mouvements possibles : d'avant en arrière, le pendule s'éloigne puis se rapproche de vous; d'un côté à l'autre; le pendule peut aussi tracer un mouvement circulaire, et ce mouvement peut aller dans le sens des aiguilles d'une montre ou dans le sens contraire.

Quand vous aurez déterminé la direction signifiant «oui», demandez au pendule d'indiquer le «non». Ensuite, vous disposerez encore de deux directions. Demandez au pendule d'indiquer «je ne sais pas» et «je ne veux pas répondre».

Il se peut que les mouvements que vous obtiendrez de votre pendule pour indiquer les quatre réponses ne soient pas les mêmes que les miens. Ils vous appartiennent en propre. Par contre, ils peuvent changer avec le temps. Aussi est-il bon de poser ces questions de temps en temps, pour vous assurer que votre pendule n'a pas changé d'idée.

Quand vous aurez déterminé les mouvements, confirmez-les en posant au pendule les mêmes questions que vous avez posées aux baguettes de sourcier. Vous pourrez commencer à poser à votre pendule des questions concernant vos vies antérieures uniquement après avoir fait cela.

L'expérience de Denise

Denise vient de terminer sa deuxième année à l'université. Elle veut devenir enseignante, poursuivant ainsi une tradition familiale, puisque ses deux parents sont dans l'enseignement.

Elle est venue me voir juste avant Noël pour une régression dans une vie antérieure. Denise était un excellent sujet et n'a eu aucune difficulté à retourner dans une vie antérieure où elle était préceptrice privée des enfants d'un homme riche dans l'Angleterre victorienne. Toutefois, bien qu'elle ait reçu une bonne éducation et une bonne instruction durant cette vie antérieure, Denise a été incapable de fournir des détails sur la famille pour laquelle elle travaillait, et sur l'endroit exact, en Angleterre, où était situé leur manoir.

À l'aide d'un pendule, nous avons découvert qu'elle travaillait pour Sir William Williams et sa famille, de 1850 à 1854. Le nom de ce gentilhomme semblait pour le moins inhabituel, mais le pendule a confirmé que l'information était exacte. Le pendule nous a aussi révélé que la maison était située à Cornwall, et qu'elle avait été construite seulement quelques années avant que Denise ne commence à travailler pour cette famille.

À la fin de ses études, Denise a l'intention d'aller visiter Cornwall pour en apprendre davantage. Elle a appris de nombreux détails en utilisant un pendule, mais la plupart de ces détails étaient de nature personnelle.

C'est là un exemple typique démontrant comment la rhabdomancie peut amplifier et grossir l'information découverte lors d'une régression.

11

La méditation arc-en-ciel

L'arc-en-ciel va et vient,
Et adorable est le rose,
La lune est délicieuse
Regardez tout autour quand les cieux sont nus,
Les eaux dans une nuit étoilée
Sont magnifiques et justes ;
Le soleil levant est une glorieuse naissance ;
Mais déjà je sais que là où je vais,
Là s'est éteinte une gloire venue de la terre.

William Woodsworth (1770-1850)

Vous pouvez appliquer seul cette intéressante méthode de retour dans vos vies antérieures, ou encore avec l'aide d'un partenaire qui pourra vous guider tout au long de l'expérience. C'est une façon fort agréable de découvrir vos vies antérieures. Elle présente toutefois deux inconvénients. Elle donne habituellement de brefs aperçus de nombreuses vies antérieures, plutôt que d'en présenter une seule en détail. Il est donc impossible de vérifier certains incidents après coup. L'autre inconvénient est que vous ne pouvez absolument pas choisir les vies dans lesquelles vous allez retourner.

La méditation arc-en-ciel est une technique de relaxation progressive pour veiller à ce que vous soyez physiquement détendu. Vous vous imaginez alors marchant sur un immense et splendide arc-en-ciel, chaque couleur vous faisant vivre différentes sensations. Nombreux sont ceux qui commencent à recevoir des indices de vies antérieures tandis qu'ils sont encore dans l'arc-en-ciel. Une fois dans l'arc-en-ciel, vous devez penser à des chiffres ou à des nombres, au hasard, et noter quelles images vous reviennent en mémoire.

Par exemple, vous pourriez penser au chiffre huit. Pendant que vous visualisez ce symbole, une image d'une de vos vies antérieures pourrait refaire surface. Profitez de l'expérience, puis pensez à un autre nombre. Si vous voulez avancer dans cette incarnation, choisissez un nombre dépassant d'un ou deux le nombre initial. Normalement, cela vous mènera à une date ultérieure durant l'incarnation que vous êtes en train d'explorer. Cependant, cela pourrait aussi vous mener dans une tout autre existence. Évidemment, si vous voulez être sûr que vous vous retrouverez dans une tout autre vie, pensez à un nombre plus éloigné du précédent.

Ainsi, dans un très court laps de temps, vous pouvez retrouver des souvenirs de dizaines de vies antérieures. Il y a peu de chances que vous obteniez des détails vérifiables, puisque vous ne revivrez que de brefs instants. Vous pourriez néanmoins voir, dans certaines de vos vies passées, des gens importants pour vous dans votre vie actuelle. Vous pourriez vous apercevoir que vous avez embrassé des carrières similaires dans plusieurs existences précédentes.

Vous pourriez aussi obtenir des indices quant au type de personne que vous avez été dans chacune de vos vies.

J'ai l'habitude d'utiliser cette méthode pour découvrir des vies antérieures que je ne connais pas encore. Dès que je les ai découvertes par ce truchement, je peux les explorer en détail en me servant de l'une des autres méthodes. Je trouve que cette méthode est l'une des plus agréables pour retourner dans des vies antérieures.

Si vous le désirez, vous pouvez enregistrer le scénario qui suit sur un magnétophone et le suivre étape par étape. L'inconvénient est que votre voix sur l'enregistrement peut vous obliger à continuer, alors que vous faites l'expérience d'une vie antérieure particulièrement frappante. En pratique, je me familiarise avec les idées de base dans le scénario, puis je me les répète dans mes propres mots. Je peux ainsi réaliser cette expérience à mon propre rythme.

L'autre possibilité est de faire cet exercice avec un partenaire. Avant de commencer, entendez-vous sur un signal simple, de sorte que la personne qui se prête à l'exercice puisse informer celle qui lit le scénario qu'elle peut poursuivre la lecture. Le signal le plus simple consiste à faire un petit mouvement du pouce. Cela n'affecte pas la personne qui fait la régression, tout en permettant à l'autre de savoir ce qui se passe.

La méditation arc-en-ciel

Première étape : relaxer progressivement

Assoyez-vous ou allongez-vous confortablement. Veillez à ce que la pièce soit bien chauffée et à ne pas être dérangé. Vous voudrez peut-être vous couvrir, car la température de votre corps descendra d'un ou de deux degrés durant cette méditation.

Prenez une lente et profonde inspiration, puis fermez les yeux en expirant. Prenez conscience de votre respiration, et détendez-vous un peu plus à chaque respiration. C'est une agréable sensation de simplement se détendre et de laisser le monde poursuivre sa course sans vous pendant un court moment. Chaque respiration vous rend de plus en plus détendu, de plus en plus détendu.

Maintenant, concentrez-vous sur vos orteils ; laissez-les se détendre. Quand vous sentirez qu'ils sont bien détendus, laissez cette sensation se répandre dans vos deux pieds, jusqu'à ce qu'ils soient totalement mous et détendus. Laissez ensuite cette douce sensation de détente atteindre vos chevilles, puis peu à peu vos jambes, les muscles de vos mollets, vos genoux, vos cuisses. Vous êtes de plus en plus détendu à chacune de vos respirations. Rien ne peut vous déranger ou vous perturber tandis que vous continuez à vous détendre, plus profondément, toujours plus profondément.

Maintenant, savourez l'agréable sensation de détente qui s'infiltre dans votre ventre, pour ensuite atteindre votre estomac. La moitié inférieure de votre corps est tellement, tellement détendue à présent… molle, légère, si complètement détendue.

Laissez la relaxation se répandre dans votre poitrine et dans vos épaules. Sentez la relaxation se répandre sur et dans vos épaules, balayant le stress, les tensions et les serrements. Quand vos épaules seront complètement détendues, laissez la relaxation se répandre dans vos bras, jusqu'au bout de vos doigts.

Concentrez votre attention sur votre cou ; laissez tous les muscles de votre cou se détendre. Sentez la relaxation se répandre à votre visage, puis, sans s'arrêter, jusqu'au sommet de votre tête. Laissez les muscles autour de vos yeux se détendre.

Prenez une profonde inspiration et expirez lentement. Vous vous sentez maintenant totalement détendu, du sommet de votre tête jusqu'au bout de vos orteils, et chaque respiration que vous prenez vous permet de vous abandonner encore plus profondément à ce merveilleux état de totale relaxation et de tranquillité.

Maintenant, scrutez mentalement votre corps, et voyez si chaque région est aussi détendue que vous le souhaitez. Concentrez-vous sur le moindre recoin qui vous semble tendu ou crispé, et laissez vos muscles se détendre jusqu'à ce que vous soyez enfin totalement, complètement, absolument mou, détaché et détendu.

Deuxième étape : traverser l'arc-en-ciel

Dans cet agréable état de totale relaxation, imaginez-vous à la campagne. Vous marchez dans un champ d'herbe luxuriante et fraîche. La journée est splendide ; le ciel est d'un bleu magnifique avec seulement quelques petits nuages vaporeux flottant très haut.

Devant vous apparaît un parfait arc-en-ciel. Vous êtes excité, car vous n'avez jamais été aussi proche de la base d'un arc-en-ciel auparavant. Cela sent frais et propre, et les couleurs sont plus vibrantes que tout ce que vous avez pu voir jusque-là.

Vous allez droit sur l'arc-en-ciel ; vous êtes si proche que vous pouvez presque le toucher. Lorsque vous levez les yeux, vous avez l'impression que l'arc-en-ciel s'élève très haut dans le firmament. Vous tendez le bras pour le toucher, et votre main se dirige tout droit dans la partie rouge. Votre main picote, et vous vous rendez compte que le rouge a rendu votre main et votre bras encore plus détendus.

C'est si agréable que vous décidez de sauter dans l'arc-en-ciel. À présent, quand vous regardez autour de vous, tout ce que vous voyez, c'est du rouge. Rouge devant, rouge derrière, rouge de chaque côté, rouge au-dessus et en dessous de vous. Vous baignez totalement dans ce formidable rouge qui vous encercle.

Cette sensation est si pure, si apaisante, si tranquille et si réconfortante. Tout ce qui vous vient en tête, c'est du rouge, du rouge, du rouge…

Faites une pause de soixante secondes environ. Arrivées à ce point, de nombreuses personnes font l'expérience d'une vie antérieure. Si cela vous arrive, profitez-en pendant aussi longtemps que vous le pourrez, puis continuez votre méditation. Si vous ne retournez pas dans une vie antérieure, attendez soixante secondes, puis poursuivez.

Vous avez maintenant envie d'aller de l'avant, alors vous avancez de quelques pas et vous entrez dans la partie orangée. Le rouge était très réconfortant et relaxant, mais ce n'était rien, comparé à la tranquillité et à la paix extrêmes de l'orangé. Vous sentez ce doux orangé imprégner chaque cellule de votre corps. Vous êtes totalement entouré d'orangé; vous faites même partie de cet orangé, puisqu'il est dans chaque cellule de votre corps. Vous n'êtes rien d'autre que pur orangé, orangé, orangé…

Faites une pause de soixante secondes environ, puis voyez s'il vous vient des souvenirs de l'une de vos vies antérieures. Si oui, profitez-en aussi longtemps que vous le souhaitez, puis continuez. Si rien ne se produit, continuez au bout de soixante secondes.

Vous prenez conscience de votre désir d'explorer plus avant, et vous avancez encore de quelques pas, jusqu'à ce que vous soyez dans la section jaune. C'est une couleur que vous connaissez bien, mais vous n'avez jamais vu un jaune aussi parfait et serein que celui-ci. Vous vous dites que vous aimeriez baigner à jamais dans cette énergie, car elle est si paisible, tranquille et parfaite. Entouré de jaune, de jaune pur, de jaune pur...

De nouveau, arrêtez-vous soixante secondes, et voyez ce qui se produit. Quand vous serez prêt, continuez la méditation.

Vous êtes maintenant prêt à avancer dans le vert. L'énergie vibrante et apaisante du vert vous coupe presque le souffle. Vous vous sentez revigoré et rétabli dans chaque pore de votre être. Détendez-vous, et laissez le vert circuler dans chaque cellule de votre corps. Oh, ce vert magnifique, ce vert, ce vert...

Faites une pause de soixante secondes, puis reprenez quand vous vous sentez prêt.

Encore quelques pas, et vous serez totalement entouré de bleu. Vous avez déjà vu des bleus magnifiques auparavant, mais rien qui se compare à ce bleu stupéfiant. Vous jetez un coup d'œil autour de vous, ravi par la magnificence de ce formidable bleu, bleu, bleu...

Faites une autre pause de soixante secondes.

Vous pénétrez maintenant dans l'énergie apaisante de l'indigo. Vous vous sentez mieux que jamais auparavant, et vous profitez de ces sensations de paix et de profond contentement, pendant que vous regardez autour de vous et fixez cet extraordinaire indigo, indigo, indigo...

Arrêtez-vous de nouveau soixante secondes.

Il ne reste plus qu'une couleur à visiter. Vous avez hâte d'entrer dans ce violet, mais vous retenez toutes les impressions que vous avez ressenties tandis que vous faisiez l'expérience des merveilleuses qualités des autres couleurs.

Le temps est enfin venu d'avancer. Un pas, deux pas, trois pas. Les qualités spirituelles du violet vous entourent à présent. Vous le sentez se répandre dans chaque organe de votre corps, guérissant votre corps, votre esprit et votre âme. Vous avez l'impression que vous pourriez demeurer dans le violet à jamais, profitant de son apaisante délicatesse et du doux éveil de votre centre spirituel. Il y a quelque chose que l'on ne peut décrire dans le violet, violet, violet…

Faites une autre pause de soixante secondes. Arrivé à ce stade, il se peut que vous ayez déjà fait l'expérience d'un certain nombre de vies antérieures. Il se peut aussi que vous n'y soyez pas encore parvenu. Cela n'a pas d'importance, car la prochaine étape est conçue pour déverrouiller vos souvenirs d'incarnations précédentes depuis longtemps enfouis.

Troisième étape : vie antérieure après vie antérieure

Le temps est venu de laisser l'arc-en-ciel derrière vous. Vous hésitez à partir, mais vous savez que la méditation arc-en-ciel n'est qu'un avant-goût de ce qui vous attend. Maintenant, donc, vous quittez l'arc-en-ciel pour retourner dans le champ d'herbe luxuriante. Vous trouvez un coin charmant pour vous étendre, vous prenez une longue et profonde inspiration, puis vous expirez lentement.

Dans chaque nerf, chaque fibre et chaque cellule de votre être, vous êtes maintenant totalement détendu. Vous êtes mou, léger, et tellement, tellement détendu. Vous avez goûté aux énergies apaisantes de chaque couleur de l'arc-

en-ciel, et vous êtes maintenant prêt à retourner dans une de vos vies antérieures.

Sans prendre le temps d'y réfléchir, pensez à un nombre, n'importe quel nombre. Pendant que vous pensez à ce nombre, les souvenirs afflueront, des souvenirs d'une de vos nombreuses vies antérieures.

À partir de maintenant, vous pouvez progresser comme il vous convient. Si le premier nombre auquel vous pensez vous ramène dans une vie antérieure intéressante, explorez-la aussi longtemps que vous en aurez envie. Vous devriez être capable d'aller et venir dans cette existence, en pensant à des nombres proches du nombre initial. Quand vous saurez tout ce que vous vouliez savoir de cette vie antérieure, vous pourrez choisir un autre nombre et voir où cela vous mène. Vous pourrez consacrer à cette exploration tout le temps que vous voulez, long ou court, pour enfin revenir au présent quand vous vous sentirez prêt.

Quatrième étape : revenir au présent

Le temps est venu d'abandonner ces expériences et de revenir au présent. Ces souvenirs ne seront pas perdus. Ils vous reviendront tous en mémoire quand vous reprendrez votre routine quotidienne. Vous pourrez même les explorer en détail quand vous le souhaiterez.

Donc, en ce moment, vous revenez au présent en vous déplaçant dans le temps et l'espace, jusqu'à ce que vous soyez revenu à votre point de départ. À l'aide de votre œil mental, voyez-vous à l'intérieur de la pièce où vous êtes. Imaginez les alentours, et prenez conscience des moindres sons dans la pièce.

Et maintenant, à cinq, ouvrez les yeux. Vous vous sentirez frais, revigoré, et vous vous souviendrez de tout ce qui s'est produit durant cette régression.

Un, vous revenez au présent, heureux et débordant d'énergie.

Deux, vous vous sentez merveilleux, parfait à tous points de vue.

Trois, vous avez l'impression d'avoir passé une excellente nuit de sommeil.

Quatre, vous êtes prêt à affronter le monde de nouveau.

Cinq, vous ouvrez les yeux, rempli d'énergie et de bien-être.

Naturellement, si vous faites cette expérience au lit le soir, vous ne voudrez pas vous lever quand ce sera terminé. Dans ce cas, une fois revenu au présent, dites-vous simplement que vous allez vous endormir et que vous dormirez d'un sommeil profond toute la nuit, jusqu'à ce que ce soit l'heure de vous lever le matin.

Je préfère ne pas faire cette expérience au lit, car alors, je me détends à un point tel que je m'endors habituellement avant d'avoir atteint l'arc-en-ciel. J'ai remarqué que je fais des rêves particulièrement vivants quand je m'endors de cette manière. Cependant, en règle générale, ils n'ont pas de lien avec mes vies antérieures.

Il peut vous arriver de découvrir des dizaines de vies antérieures en un très court laps de temps. Quand j'utilise cette méthode, le plus tôt possible après l'expérience, je note tout ce dont je peux me souvenir. Il m'arrive d'ignorer des vies qui ne m'ont pas particulièrement intéressé, mais je note toujours les autres vies en détail pendant que les incidents sont encore frais à ma mémoire.

L'expérience de Jérémie

Jérémie, 26 ans, est programmeur informatique. Il aime les mathématiques et est venu dans mes cours après avoir lu

Numerology Magic, un de mes livres, où il est question des yantras du carré magique. Il était intrigué d'apprendre que les nombres recèlent bien davantage qu'il n'aurait pu l'imaginer.

Il a eu de la difficulté à se détendre la première fois. Quand il s'est arrêté, il avait déjà traversé tout l'arc-en-ciel et n'était toujours pas complètement détendu. La deuxième fois, il a fait tout le processus de relaxation deux fois avant d'entrer dans l'arc-en-ciel. Il avait alors ressenti les couleurs plus vivement qu'auparavant, et il était passé à l'étape suivante.

Le premier chiffre qu'il a choisi était le sept, parce que nous avions déjà discuté de la signification spirituelle de ce nombre en classe. Il n'a rien vu et a ouvert les yeux.

Il a fait une troisième tentative quelques jours plus tard. Alors qu'il traversait l'arc-en-ciel, il s'est vu dans un canot, en train de ramer pour descendre ce qui lui est apparu comme un canal, chose qu'il n'avait jamais faite de toute sa vie. Jérémie était tellement surpris qu'il a failli ouvrir les yeux. Heureusement, il a continué, mais cette fois, il était plus confiant qu'avant.

Quand vint le moment de penser à un chiffre, de nouveau, il a choisi le sept. Je lui aurais suggéré de choisir un autre chiffre pour commencer, mais à l'évidence, le sept était important pour lui. Cette fois, il a eu une impression furtive d'une scène familiale. Cela se passait quelque part dans le sud de l'Asie : un homme, une femme et deux enfants étaient assis sous un porche en bambou. D'une certaine façon, il avait compris qu'il était la femme dans cette scène.

Comme il n'avait pas reçu plus de renseignements, il a pensé au chiffre huit en se disant que cela le mènerait probablement dans une autre scène de la même vie. C'est alors qu'il s'est vu sous un lit, sur lequel un couple faisait l'amour. Il était horrifié de penser qu'il était peut-être en train d'avoir une aventure avec la femme, quand il s'est soudain rendu compte qu'aucun des deux ne se doutait de sa présence sous le lit. Il était cambrioleur.

Il voulait fuir cette vie antérieure aussi vite que possible, alors il a pensé au nombre 87. Instantanément, il a été transporté dans un petit bureau exigu de l'ère victorienne. Il était assis sur un banc, penché sur des chiffres dans un livre de comptes.

« *Je veux retrouver une vie loin des mathématiques* », a-t-il songé, et sans même penser à un autre nombre, il s'est retrouvé sous les traits d'un acteur, à l'époque romaine. Hélas, l'auditoire n'aimait pas le rôle qu'il jouait, et il se faisait huer chaque fois qu'il entrait en scène. « J'ai essayé d'expliquer que ce n'était qu'un rôle, m'a raconté Jérémie, mais on me huait de plus belle. » Il a très vite pensé à un autre nombre.

Cette fois, il était paysan, quelque part en Asie centrale. « La terre était plane et s'étendait sans fin dans toutes les directions. Il faisait froid la plupart du temps, et nous mangions du ragoût. Notre seul plaisir était de nous enivrer. »

Jérémie a pensé à un autre nombre et s'est retrouvé dans Londres géorgienne. Son fils dans cette vie était son père dans sa vie actuelle, mais il n'a reconnu personne d'autre. « Nous n'avions rien en commun, a-t-il dit. C'est triste, vraiment, car dans cette vie, nous n'avons rien en commun non plus. » Jérémie a pris mentalement note d'explorer cette dernière vie en détail, parce que, de toute évidence, il y avait un facteur karmique entre lui et son père. Ensuite, il est revenu au présent.

Malgré la tristesse de certaines de ses vies, Jérémie était enthousiasmé. « Je ne me rappelle pas avoir eu autant de plaisir par moi-même », m'a-t-il avoué.

12

La méditation par l'imagination

Nos actions nous accompagnent encore au loin, et ce que nous avons été fait de nous qui nous sommes.

George Eliot (1818-1880)

Cette méthode était extrêmement utile dans mes cours, en particulier pour celles et ceux qui n'arrivaient pas à régresser à l'aide d'autres méthodes. J'ai commencé à m'en servir afin que ces personnes puissent sentir ce qu'était une régression. À ma grande surprise, la plupart ont commencé par une scène imaginaire et se sont très vite retrouvés dans une vie antérieure.

Je ne comprends pas très bien pourquoi cela se passe ainsi. Peut-être qu'inconsciemment, ces gens craignaient de s'abandonner et de retourner dans une vie antérieure. Dès qu'ils ont découvert à quel point c'était agréable, leur peur s'est volatilisée, et ils ont pu retourner dans une existence antérieure sans le moindre effort. Peut-être l'expérience de l'imaginaire les a-t-elle aidés à se remémorer certains incidents qui ont ramené des souvenirs de vies passées.

Quoi qu'il en soit, les raisons sont sans importance. Ce qui importe vraiment, c'est que la méditation de l'imagination fonctionne à merveille et permet à de nombreuses personnes de redécouvrir leurs vies antérieures.

La méditation par l'imagination

Première étape : imaginer l'époque et le lieu

Prenez un peu de temps pour penser à des périodes de l'histoire qui vous intéressent particulièrement. Ce pourrait être la Révolution française. Peut-être êtes-vous fasciné par la Rome impériale. Ou par la vie en Atlantide. Certains choisiront délibérément une période de bouleversements, alors que d'autres préféreront un temps de paix.

Vous pourriez choisir une époque et un lieu où vivait l'un de vos héros. Si le théâtre vous intéresse, vous pourriez choisir la ville de Londres, à l'époque où William Shakespeare y vivait et y travaillait. Vous pourriez décider de vivre dans l'Europe de Nostradamus. Vous pourriez souhaiter vous retrouver à bord du petit vaisseau sur lequel Christophe Colomb a traversé l'Atlantique. Peu importe le temps et l'endroit que vous choisirez, du moment qu'ils vous attirent.

Il est possible que cette époque et ce lieu n'aient rien à voir avec vos vies antérieures. Il s'agit simplement de trouver un point de départ pour votre méditation. Il est intéressant de voir le nombre de fois où les gens choisissent une époque qui les intéresse, pour ensuite s'apercevoir qu'ils ont déjà vécu durant cette période. Sans doute cela explique-t-il pourquoi ils s'intéressaient à cette période précise de l'histoire.

Deuxième étape : relaxer progressivement

Choisissez un moment où vous ne risquez pas d'être dérangé. Installez-vous aussi confortablement que possible, puis faites une relaxation progressive afin de vous assurer que vous êtes complètement détendu. Vous pourriez décider de faire les deux premières étapes avec la méditation arc-en-ciel, au chapitre 11. Si vous avez appris à méditer, vous pourriez décider de commencer par une méditation. Vous pourriez aussi choisir de commencer par tendre tous les muscles de votre corps, pour ensuite les relâcher, en commençant par vos orteils et en remontant graduellement jusqu'au sommet de votre tête. Peu importe la méthode que vous utilisez, du moment que vous vous sentez totalement détendu à la fin de l'exercice.

Troisième étape : imaginer une vie antérieure

Quand vous serez complètement détendu, inspirez profondément, puis expirez lentement. Dites-vous que vous allez voyager dans le temps et l'espace, jusqu'à la période que vous avez choisie à l'étape un.

Quand vous y serez, visualisez la scène aussi clairement que possible. Les gens vivent les choses différemment. Inutile de vous inquiéter, si vous ne voyez pas la scène aussi clairement que souhaité. Certains la voient si nettement qu'ils sont prêts à jurer qu'ils y étaient. D'autres la voient très peu, mais la vivent autrement. Ils peuvent ressentir la scène, ou encore être plus conscients qu'à l'accoutumée de tous les sons et de toutes les odeurs.

Quand vous vous serez familiarisé avec la scène dans laquelle vous vous trouvez, vous pourrez avancer ou remonter dans le temps. Vous pourriez vous voir à la maison, au travail ou dans vos loisirs.

Inutile de vous hâter. Passez plusieurs minutes à explorer la période de l'histoire que vous avez choisie. Vous constaterez que c'est une expérience fascinante, et vous aurez l'impression que vous vivez réellement à cette époque et dans ce lieu.

Quatrième étape : retourner dans une vie antérieure pertinente

L'étape trois est utile pour deux raisons. Premièrement, elle vous permet de connaître les sons, les goûts et d'autres caractéristiques d'une période historique. Autrement dit, c'est à peu près la même chose qu'une vraie vie antérieure. Cela vous prépare aux vraies vies antérieures dont vous ferez l'expérience. Deuxièmement, cela vous permet de vous détendre encore davantage.

Prenez une autre profonde inspiration, puis expirez lentement. Les yeux fermés, visualisez-vous tel que vous êtes, assis ou étendu. À l'aide de votre œil mental, voyez la scène aussi clairement que possible.

Quand vous pourrez vous voir en imagination, représentez-vous un banc de brouillard venant dans votre direction, jusqu'à ce qu'il vous enveloppe complètement. Attendez que cette scène mentale se transforme en une masse tourbillonnante de brouillard blanc et de ne plus vous voir du tout.

Prenez une longue et profonde inspiration, et expirez aussi lentement que vous le pouvez, en laissant le brouillard disparaître lentement. Tandis que le brouillard s'estompe, vous ne vous verrez plus assis ou étendu calmement. Vous serez plutôt à l'intérieur d'une scène de l'une de vos vies antérieures.

Accordez-vous une minute ou deux pour vous familiariser avec la scène dans laquelle vous vous trouvez. Vivez-la de toutes les façons possibles. Regardez autour de vous et voyez-la, ressentez-la, humez-la, goûtez-la même. Quand vous serez prêt, allez et venez dans cette existence, et explorez-la aussi minutieusement que vous le voulez.

Pensez à revoir des scènes qui vous révéleront qui vous aimiez le plus durant cette vie, quels étaient votre gagne-pain, vos activités, quelles leçons vous aviez besoin d'apprendre, quel karma a été créé et a rapporté en retour.

Certaines scènes seront heureuses, alors que d'autres pourraient être neutres ou douloureuses. Vous pouvez prendre du recul par rapport aux scènes douloureuses et les observer à distance. Vous pouvez vous en éloigner complètement, si vous le désirez, mais il est préférable de connaître les mauvais aspects de vos vies précédentes, aussi bien que les bons.

Cinquième étape : revenir au présent

Quand vous aurez appris tout ce que vous aviez besoin de savoir dans cette séance, revenez au présent en comptant de un à cinq en silence. Restez tranquille, yeux fermés, pendant une minute environ. Comptez de nouveau jusqu'à cinq, et ouvrez les yeux.

Maintenant que vous êtes retourné dans une vie antérieure pertinente, vous serez en mesure d'y retourner chaque fois que vous le souhaiterez. Il se peut cependant que ce ne soit pas nécessaire. Maintenant que les souvenirs ont été déverrouillés, ils afflueront dans votre conscience au cours des quelques prochains jours.

Si vous avez été incapable de retourner dans vos vies antérieures à l'aide des autres méthodes, vous constaterez que cela cessera de poser un problème, maintenant que vous avez réussi à l'aide de cette méthode. Certains préfèrent continuer à utiliser cette méthode, tandis que d'autres aiment essayer des manières différentes d'explorer leurs vies antérieures. J'aime utiliser plusieurs techniques, mais ce n'est pas indispensable. Tout ce qui importe, c'est de trouver une méthode qui fonctionne pour vous.

L'expérience de Maria

Maria, 28 ans, est physiothérapeute. Elle souhaite écrire des romans d'amour. Lorsqu'elle a maîtrisé la technique de la méditation imagination, elle a entrepris d'utiliser les deux premières étapes pour inventer ses histoires.

« J'étais probablement trop enthousiaste à l'idée de retourner dans mes vies antérieures, m'a-t-elle confié. J'avais lu sur Joan Grant, dont les romans étaient en grande partie constitués des souvenirs de ses vies antérieures, et j'ai pensé que j'aimerais faire de même. J'étais anxieuse et stressée, et c'est sans doute ce qui m'empêchait de retourner dans mes vies antérieures à l'aide d'autres méthodes. Pour moi, cette méthode était tout simplement géniale. J'avais l'habitude d'imaginer des scènes pour mes projets d'écriture, et quand vous m'avez demandé de choisir un lieu et une époque, je n'ai pas eu besoin d'y réfléchir longtemps. Je savais que je voulais retourner en Angleterre, à l'époque de la Régence.

« Tout était tellement clair dans ma tête. Bien sûr, j'avais fait des recherches sur cette époque, et cela me rendait nerveuse. J'ai commencé à imaginer des scènes — une partie dans une maison chic de Londres, des courses dans l'Arcade de Burlington, des choses comme ça. Je croyais que ces scènes étaient claires parce que j'avais énormément lu sur l'époque. Plus tard, je me suis rendu compte que toutes les scènes étaient toujours aussi claires pour moi. C'était facile de m'imaginer entourée de brouillard.

« Je commençais à croire que rien ne se produirait, quand le brouillard a commencé à s'éloigner. Je ne voyais rien, rien du tout, mais je pouvais sentir le mouvement. Puis, j'ai compris que je nageais et que j'avais les yeux fermés. Quand j'ai découvert cela, l'eau est devenue froide, j'ai ouvert les yeux et j'ai cherché la rive. Il faisait presque noir, et la plage était de galets. Il n'y avait personne d'autre que moi. Je savais où étaient mes vêtements et ma serviette ; je les ai retrouvés et j'ai commencé à me sécher. C'est alors que je me suis aperçue que j'étais nue. Je me suis soudain sentie vulnérable et j'ai pris peur. Je me suis habillée rapidement et je suis partie vers la maison. Je savais exactement où aller, et dès que j'ai commencé à marcher, je me suis sentie de nouveau en sécurité. Nous – mon père et moi – vivions dans un petit cottage avec un toit de chaume. Pendant que j'approchais, je pouvais voir et sentir la fumée qui sortait de la cheminée.

« Quand j'ai ouvert la porte, j'ai reconnu l'odeur du ragoût sur le feu, et je me suis souvenue que papa avait attrapé un lapin ce matin-là. Le souper était prêt quand je suis entrée, et papa souriait. Ce n'était pas mon père dans ma vie actuelle. Je ne sais pas qui il était, mais je sais que je l'aimais, et qu'il était mon père. Il prenait soin de moi ; il s'inquiétait sans cesse pour moi. Il ne voulait pas que je quitte la maison. Mais il le fallait, car j'étais fiancée et j'allais me marier. »

Maria a ri. « Ce fiancé est mon jeune frère dans ma vie actuelle. J'avais envie de rire quand il est entré, mais je ne l'ai pas fait, car je sentais que c'était bien. J'ai toujours été extrêmement proche de mon petit frère. Maintenant, je sais pourquoi. Il est la seule personne de ma vie actuelle que j'ai pu reconnaître dans cette vie antérieure.

« Je voulais me marier, quitter ce petit village et la vie campagnarde. Quel espoir ! Je n'étais pas instruite, j'étais analphabète, et Sean l'était aussi. Sauf que ce n'était pas Sean, c'était William. Il était laboureur fermier. Il m'avait promis la lune, et il y croyait, mais nous n'avions aucune chance d'améliorer notre sort.

« Nous avons eu un beau mariage. Tout le monde y était. Pas de lune de miel, évidemment. Nous avons passé notre première nuit dans une cabane derrière notre cottage. Ce devait être seulement pour cette nuit-là, mais nous n'avons pas pu déménager avant plusieurs années. Nous avions déjà trois bébés.

« C'était une bonne vie, une vie heureuse, mais c'était un gâchis, parce que je n'étais jamais satisfaite. J'en voulais toujours plus. Sean – William – faisait de son mieux, mais nous étions toujours à court d'argent. Je ne suis jamais allée nulle part. J'étais vieille quand je suis morte, et je ne m'étais jamais éloignée de plus d'un ou de deux kilomètres dans toutes les directions. »

« Étiez-vous bourrée de regrets le jour de votre mort ? »

« J'avais tellement de regrets, a répondu Maria. Des regrets parce que je n'étais jamais allée nulle part, parce que ça faisait plusieurs jours que je n'étais pas allée voir mon père quand il est mort ; je regrettais de ne pas avoir donné à mes enfants un meilleur départ dans la vie. Mais mon principal regret était d'avoir rendu la vie de William misérable. Peu importait ce qu'il faisait pour moi, ce n'était jamais assez. J'en voulais plus, plus, toujours plus. Il avait promis de m'emmener à Londres, mais bien sûr, nous n'y sommes jamais allés. Je lui en voulais toujours pour ça. Puis il est mort, et je n'ai jamais pu lui demander pardon. J'étais une pauvre conne ! a-t-elle dit en fronçant les sourcils. Je gâte Sean. Je suppose que j'essaie de réparer ce que je lui ai fait endurer jadis. »

« Cette vie se déroulait-elle durant la Régence ? »

« C'est ironique, mais non, a dit Maria en riant. Oui, j'étais vivante au bon moment, mais ma vie était complètement différente de celles des gens beaux et riches de Londres – ces gens sur qui je veux écrire. »

Maria est retournée dans cette vie antérieure à plusieurs reprises et a retrouvé toute une somme de renseignements. Elle prévoit maintenant écrire un roman fondé sur cette expérience.

« Mes souvenirs sont tellement vivants, cela aurait pu se passer hier. En fait, ils sont tout aussi forts que tous les souvenirs que j'ai de ma vie actuelle. Je vais écrire un roman d'amour, mais en réalité, il s'agira d'une autobiographie ! »

Maria n'a pas encore eu le temps d'essayer les autres méthodes pour retrouver ses vies antérieures. Pas plus qu'elle n'a exploré d'autres vies antérieures.

« J'aurai tout le temps de le faire plus tard, a-t-elle dit. Pour le moment, je suis trop occupée à essayer de dénicher le tout dernier détail de cette existence. Je veux que mon livre soit aussi exact que possible. »

Ce serait intéressant de savoir combien de romans historiques sont en fait des souvenirs de vies antérieures. Joan Grant affirmait que plusieurs de ses livres étaient des transcriptions de ses vies précédentes. Il y a de nombreuses années, j'ai lu un livre de Shaw Desmond intitulé *Echo*. Je n'avais pas remarqué, jusqu'à ce que je lise un autre de ses livres, *Reincarnation for Everyman*, qu'*Echo* était un compte rendu de sa vie à Rome, au temps de Néron[1]. Il existe sans doute de nombreux autres exemples.

13

Explorer les archives akashiques

L'inconscient collectif est commun à tous les hommes; il est le fondement de ce que l'Antiquité appelait la « sympathie de toutes choses ».

Carl Jung (1875-1961)

Les archives akashiques sont un entrepôt de tout ce qui n'a jamais pu survenir dans l'Univers. Chaque pensée, chaque impression ou chaque action est conservée dans ces archives, auxquelles on peut accéder sur demande. Il s'agit d'une mémoire collective dans laquelle nous pouvons tous puiser lorsque nous avons besoin de renseignements. En effet, elles contiennent non seulement les dossiers personnels de chacun, mais aussi les dossiers de toutes les familles, tribus et pays. On les a décrites comme étant un « incroyable ordinateur psychique[1] ».

Averroès (1128-1198), philosophe islamique médiéval, a écrit que bien que nous ayons des corps séparés, nous ne possédons pas d'esprit séparé. Il croyait que nous sommes « comme une plante aquatique munie de plusieurs têtes sortant de l'eau, mais qui forme une grosse racine sous la surface[2] ».

On peut comparer les archives akashiques à la théorie de l'inconscient collectif de Jung. Carl Jung a inventé ce terme pour représenter l'entière pensée-substance de la race humaine.

Edgar Cayce décrivait les archives akashiques comme une bibliothèque géante. Dans une allocution qu'il a prononcée au Cayce Hospital en 1931, il expliquait comment il avait quitté son corps, avait voyagé sur une hampe de lumière, pour enfin se retrouver sur une colline où il y avait un temple. « Je suis entré dans ce temple, a-t-il raconté, et j'y ai découvert une pièce immense, très semblable à une bibliothèque. Dans cette pièce se trouvaient les livres des vies des gens, car les activités de chacun, semblait-il, étaient matière à un dossier spécial. Et je n'ai eu qu'à prendre le dossier de l'individu pour lequel je cherchais des renseignements[3]. »

Les archives akashiques contiennent des renseignements sur toutes vos vies antérieures, ainsi que des indices concernant vos probables futures existences. Il faut de l'entraînement pour y accéder, mais une fois que vous y êtes, il n'est pas difficile d'examiner les archives akashiques de vos propres vies, chaque fois que vous le désirez. Il est beaucoup plus difficile de consulter les archives akashiques des autres. On peut néanmoins y arriver avec de l'entraînement, ce que font régulièrement de nombreux individus, tels les clairvoyants.

Quand vous verrez vos propres archives akashiques, vous découvrirez vos espoirs et vos rêves pour chacune des vies que vous avez vécues. Vous apprendrez également comment vous avez agi et comment vous vous êtes comporté. Vous découvrirez ce qui vous motivait et ce qui vous empêchait d'avancer à chaque étape.

La méditation sur les archives akashiques

Première étape : être à l'écoute

Prenez le temps de penser à votre besoin de voir vos archives akashiques. Vous devez avoir de bonnes raisons pour y aller. Par exemple, vous n'avez aucune chance de réussir si vous êtes motivé uniquement par la curiosité. Si votre motivation est d'apprendre, sur votre passé, une chose qui vous aidera à mieux agir à l'avenir, il ne fait aucun doute que vous y arriverez. Même chose si vous désirez vous développer sur le plan spirituel ou mental. Une visite aux archives akashiques n'est pas un truc amusant ou une chose qu'on fait juste pour le plaisir. C'est une quête sérieuse, et vous devez l'aborder avec le bon état d'esprit.

Deuxième étape : relaxer

Quand vos raisons pour aller consulter les archives akashiques seront clairement établies, vous pourrez passer à l'étape suivante. Trouvez un endroit confortable où vous ne serez pas dérangé pendant environ une heure. Détendez-vous à l'aide de n'importe quelle méthode qui vous convient. J'utilise la relaxation progressive, mais la méthode tension et relaxation, la méditation ou n'importe quelle autre méthode qui vous permet d'oublier temporairement vos soucis quotidiens fera tout aussi bien l'affaire.

Troisième étape : quitter le corps

Scrutez mentalement votre corps afin de vous assurer que vous êtes totalement détendu. Concentrez-vous sur les idées ou tensions qui restent, jusqu'à ce que vous soyez certain que chaque cellule de votre corps est complètement molle, légère et détendue.

Pensez à votre besoin d'aller voir les archives akashiques. Ensuite, imaginez que votre esprit ou âme desserre son emprise sur votre corps, s'élève peu à peu et s'éloigne de vous. Centrez votre conscience sur votre esprit, et vous parviendrez à vous voir vous-même, détendu et paisible. Envoyez mentalement de la protection à votre corps physique, de sorte qu'il soit en sécurité pendant que vous serez au loin.

Quatrième étape : s'approcher des archives akashiques

Quand vous vous serez familiarisé avec la situation dans laquelle vous vous trouvez, vous pourrez laisser votre esprit flotter librement dans le temps et l'espace, jusqu'à ce qu'il atteigne les archives akashiques.

Visualisez votre âme dévalant un long tunnel, puis en ressortant dans l'air frais et clair, très haut dans le ciel. En dessous de vous, vous voyez une petite colline aux formes parfaites, avec un temple blanc au sommet. Pendant que vous descendez, vous remarquez que la pelouse vient d'être tondue. Elle paraît douce et duveteuse. La pelouse verte s'harmonise bien avec le marbre tonifiant, propre et blanc du temple.

Vous atterrissez sur un parterre, devant l'entrée principale du temple. Un homme imposant monte la garde, et vous comprenez qu'il est le gardien des portes du temple.

Cinquième étape : demander ce qu'on désire

Bien que vous ayez pris la forme d'un esprit, le gardien des portes vous souhaite la bienvenue en saluant très bas et en souriant. Il attend que vous lui disiez ce que vous cherchez. Vous lui dites votre nom et que vous aimeriez voir votre livre.

Il vous prie d'attendre un moment. Il entre et se retourne presque immédiatement. Il tient la porte ouverte afin que vous puissiez entrer.

Vous pénétrez dans une grande pièce semblable à une immense bibliothèque, où sont alignées des rangées et des rangées de livres. Vous remarquez qu'un grand nombre de dossiers sont des livres, alors que d'autres ont la forme de parchemins et de tablettes.

Le gardien des portes vous fait entrer dans une petite pièce contenant une grande table et un fauteuil. Sur la table est posé votre dossier. La pièce est chaude et confortable. Il semble n'y avoir aucune source de lumière, mais l'éclairage est partout uniforme. Vous vous sentez en paix dans cette pièce.

Le gardien des portes s'incline à nouveau et vous laisse seul, refermant doucement la porte derrière lui.

Sixième étape : explorer son dossier

Vous passez un moment à simplement regarder votre dossier. Vous avez du mal à croire que toutes vos pensées et vos actions, conscientes et inconscientes, tout au long de toutes vos existences, sont contenues dans ce livre.

Vous savez que c'est votre dossier, puisqu'il vous parle, vous communiquant par télépathie tout ce que vous désirez savoir. Vous pouvez ouvrir le livre, si vous en avez envie. Mais vous pouvez aussi simplement laisser l'information circuler sans effort dans votre esprit.

Vous absorberez les renseignements de nombreuses façons. Pour certains, vous aurez un sentiment de compréhension et de savoir. D'autres seront rejoués devant vous, exactement comme ils se sont passés il y a très longtemps. D'autres renseignements, en particulier les erreurs, les jugements erronés et les fautes seront comme des vêtements alignés sur une longue corde à linge. La corde à linge représente le fil qui relie toutes vos existences, et les vêtements illustrent les fautes que vous avez commises pendant tout ce temps. Il vous faudra redresser tous ces torts avant de pouvoir aller de l'avant. Ce sont tous des facteurs karmiques dont il faut s'occuper.

Certaines de vos vies antérieures seront dans des couleurs magnifiques, reflétant les fleurons et réussites qui ont été les vôtres durant ces incarnations. D'autres vies vous apparaîtront dans des couleurs pastel, pour signifier qu'elles ont été agréables, mais que vous n'avez accompli qu'une fraction de ce que vous étiez en mesure d'accomplir. Enfin, d'autres vies seront en noir et blanc. Ces vies ont été négatives. Peut-être avez-vous été une mauvaise personne durant ces vies, et peut-être pas, mais vous avez échoué à rembourser vos dettes karmiques et en avez accumulé davantage, résultant de ces incarnations.

Vous reconnaîtrez des thèmes récurrents à de nombreuses existences. Vous comprendrez d'où vous viennent vos talents particuliers, et vous saurez que vous pourriez développer ces talents encore davantage. Vous verrez comment certaines personnes vous suivent d'une vie à l'autre. Vous remarquerez à quel point les relations changent, de manière à ce que chacun puisse expérimenter toutes les combinaisons possibles.

Vous apprendrez d'où viennent vos peurs et vos phobies. Quand vous aurez compris les raisons qui les sous-tendent, elles cesseront d'être pertinentes dans votre vie actuelle.

Vous découvrirez aussi comment vos pensées et vos actions dans votre vie actuelle influencent vos vies futures sur une base quasi journalière. Vous comprendrez ce qui est important et ce qui ne l'est pas dans votre incarnation actuelle.

Vous pouvez rester dans cette magnifique pièce aussi longtemps que vous le souhaitez. Peut-être voudrez-vous revenir aussitôt que vous aurez trouvé les renseignements dont vous aviez besoin. Vous pouvez aussi décider de rester plus longtemps, simplement parce que vous aimez vous retrouver avec toutes vos vies antérieures et comprendre ce qui les relie entre elles.

Septième étape : revenir au présent
Quand vous serez prêt, il vous suffira de penser que le temps est venu de rentrer. Le gardien des portes vous ouvrira immédiatement la porte et vous escortera jusque dans la cour. Il s'inclinera solennellement et vous dira que vous serez toujours le bienvenu.

Vous vous sentirez soudain ramené et vous retrouverez instantanément dans votre corps physique. Normalement, le retour se fait en douceur et sans effort. À l'occasion, vous pourriez sentir un mouvement saccadé en réintégrant votre corps.

Restez assis bien tranquille pendant environ une minute, avant d'ouvrir les yeux et de retourner dans votre monde quotidien. Quand vous ouvrirez les yeux, vous ressentirez une bouffée de satisfaction et une incroyable sensation de bien-être. Vous serez, par ailleurs, motivé à tirer le meilleur de vous-même à l'avenir.

Vous aurez recueilli d'énormes indices concernant plusieurs de vos vies antérieures, et vous serez assuré de pouvoir retourner consulter les archives akashiques quand bon vous semblera.

L'expérience de Conrad

Conrad, 44 ans, est comptable. Vous auriez du mal à trouver quelqu'un de plus terre-à-terre et rationnel. Il admet franchement être venu à mes cours pour accompagner sa femme qui ne voulait pas venir seule. Pourtant, cette dernière s'est vite désintéressée, alors que Conrad a continué. Il n'avait aucun mal à retourner dans ses vies antérieures, mais entre toutes les méthodes, celle des archives akashiques était sa préférée.

« Cela convient à mon esprit logique, a-t-il déclaré. Je peux aller dans un endroit – les archives akashiques – et voir toutes mes vies antérieures en même temps. Je dois examiner seulement celles que je veux voir à des moments particuliers. Ce que j'aime vraiment, c'est que je peux avoir un net aperçu de mes objectifs de vie sur une période s'étendant sur des milliers d'années. Je l'ai fait jusqu'à un certain point quand je fouillais dans mes vies antérieures, mais je n'ai jamais rencontré quelqu'un d'aussi excitant que le gardien des portes. C'est une chose fantastique de pouvoir communiquer avec lui par télépathie. Il semble lire mes pensées au moment même elles se produisent, parfois même avant. Je pense à quelque chose, et il y voit sur-le-champ. »

Conrad a été un homme dans presque toutes les incarnations qu'il a explorées. Après examen d'une centaine de vies, il a découvert qu'il a été une femme dans seulement trois vies.

« Je ne sais pas pourquoi je suis presque toujours un homme. Je ne suis ni macho ni sexiste d'aucune manière. Néanmoins, c'est arrivé comme cela pour moi. Il semble que dans mes existences de femme, j'avais besoin de la perspective féminine pour apprendre les leçons qu'il me fallait apprendre. »

Conrad a été un intellectuel dans la plupart de ses vies antérieures. Il a été moine, enseignant, chercheur et artiste. Dans sa vie actuelle, il s'identifie fortement à tous ces thèmes. Dans bon nombre de ses vies précédentes, il s'est retrouvé à manipuler de l'argent, et il a été teneur des livres et comptable à de nombreuses reprises. « J'espère que je ferai quelque chose d'un peu plus excitant la prochaine fois, a-t-il dit en riant. Je commence à être fatigué d'être toujours comptable. »

L'existence qui l'intrigue le plus, par contre, est celle où il était propriétaire terrien en Afrique du Sud, au milieu du XIXe siècle. Durant cette vie, il était particulièrement brutal avec ses employés.

« Je n'arrive pas à comprendre cette vie, m'a-t-il avoué. Dans toutes les autres vies, il semble que j'aie été quelqu'un qui faisait attention aux autres, mais pour une quelconque raison, j'étais un monstre durant cette incarnation. Pourquoi ? »

Il ne semble pas y avoir une explication logique à cela. Cependant, bien qu'il fût cruel envers ses employés, son comportement n'était pas considéré comme inhabituel à l'époque. Durant l'existence qui a suivi immédiatement cette dernière, il était missionnaire chrétien dans le nord-ouest de l'Afrique.

« Il ne fait aucun doute que j'étais un missionnaire dévoué. Peut-être que je réparais mes fautes d'une vie précédente, se disait Conrad. C'est étrange, toutefois. Je me considère comme une personne spirituelle, mais je n'appartiens à aucune église orthodoxe. J'ai pourtant une bonne connaissance de la Bible. Je suppose que j'ai dû l'étudier assez quand j'étais missionnaire. »

Conrad a l'impression que son amour pour l'ordre et les détails se manifeste avec acuité dans toutes ses existences. « Je détestais qu'on me qualifie de pointilleux, dit-il. Je l'étais certainement dans une de mes vies antérieures, mais je crois que j'ai sorti cela de mon organisme, maintenant. Je m'inquiétais sans arrêt, habituellement pour des vétilles. Tout cela est maîtrisé, à présent. Et je le dois aux archives akashiques. Si je n'avais pu voir ces traits passer d'une existence à une autre, cela ne me serait jamais apparu aussi clairement. Cela a fait une grosse différence dans ma vie, et ma famille a elle aussi remarqué à quel point je suis plus détendu, aujourd'hui. »

Conrad continue d'explorer ses vies antérieures en utilisant diverses méthodes. Depuis qu'il a pris conscience de ses incarnations précédentes, sa famille et lui ont remarqué une amélioration dans tous les aspects de sa vie.

14

La technique du ressenti

La seule survivance que je puisse concevoir est d'entreprendre un nouveau cycle terrestre.

Thomas Edison (1847-1931)

Cette technique ne convient pas à tout le monde, puisqu'elle exige que l'on revienne à la source de ses peurs, de ses blessures, de ses traumatismes et de ses phobies, dans une vie antérieure.

Nous apportons dans cette vie une somme étonnante de bagages provenant du passé. À l'évidence, une personne née avec des peurs anormales doit les avoir contractées dans une vie antérieure. Si cette personne n'avait jamais eu à faire face à cette situation particulière auparavant, elle n'aurait aucune raison d'avoir peur ou d'être effrayée.

Mon fils aîné est venu au monde avec la peur de l'eau profonde et a eu beaucoup de difficulté à apprendre à nager.

Son jeune frère était tout à fait le contraire et adorait jouer dans notre piscine dès son plus jeune âge. De toute évidence, mon fils aîné a déjà eu une expérience extrêmement traumatisante en ce qui a trait à l'eau, dans une de ses vies antérieures, et il est né cette fois-ci avec une peur immense.

Une de mes clientes avait une peur terrible des serpents. Au début de la vingtaine, elle a déménagé en Nouvelle-Zélande pour les fuir. Néanmoins, même si elle vivait dans un pays où il n'y avait pas de serpents, sa peur ne l'a pas quittée. Elle était incapable de profiter d'un pique-nique dans la forêt ou d'une randonnée à la campagne, parce qu'elle se disait que quelqu'un aurait fort bien pu y introduire un serpent. Elle avait beau se dire que cela n'était jamais arrivé, cela n'apaisait pas ses craintes.

Je l'ai fait régresser jusqu'à une vie antérieure dans laquelle elle se cachait dans une caverne pour éviter d'être violée. Juste au moment où elle s'était crue en sécurité, elle avait découvert qu'elle partageait sa cachette avec un gros serpent. Sa peur du serpent était pire que la terreur qui l'attendait à l'extérieur, et elle s'était précipitée hors de la caverne au risque de sa vie. Aussitôt après avoir revécu cette expérience, sa peur des serpents a complètement disparu. Fièrement exposée dans son salon, une photographie de cette femme prise au zoo de Singapour la montre avec un énorme python qui lui entoure les épaules.

La peur des insectes, des rats, des souris et des serpents est très commune, et est souvent liée à des incarnations vécues au Moyen Âge, alors que les rats et les souris étaient les causes de la peste.

Un de mes clients avait une peur incommensurable des espaces clos. Dans une vie antérieure, il était prêtre catholique et avait été obligé de se cacher dans un petit placard, pendant que les soldats d'Henri VIII fouillaient la maison.

Quand les soldats étaient repartis, il était inconscient, et il avait toujours eu peur des espaces clos depuis.

Quelle que soit la peur que vous ayez, elle a une ennuyeuse tendance à se répéter encore et encore jusqu'à ce que vous y ayez fait face. La technique du ressenti n'est pas seulement une manière efficace de retourner dans vos vies antérieures, vous pouvez aussi utiliser la régression pour vous libérer des traumatismes créés durant vos vies passées. La technique est simple et directe.

La technique du ressenti

Première étape : relaxer

Assoyez-vous dans un endroit où vous vous sentez en sécurité et protégé. Ce sera sans doute une pièce de votre demeure. Il est préférable de faire ce genre de régression à l'intérieur, de manière à vous sentir protégé et en sécurité pendant tout le processus.

Installez-vous aussi confortablement que possible. Veillez à ce que la pièce soit bien chauffée et à ce que rien ne viendra vous déranger pendant au moins une heure.

Fermez les yeux, et prenez trois bonnes inspirations, en les retenant pendant une ou deux secondes, puis expirez lentement.

Pensez à une chose agréable que vous avez faite récemment. Ce peut être n'importe quoi, mais il est important de penser à un moment où vous vous êtes amusé et où aucun souci ni aucune inquiétude ne pouvaient vous distraire.

Après avoir pensé à cette agréable expérience pendant un moment, laissez votre esprit vagabonder et pensez à d'autres occasions agréables que vous avez vécues dans le passé.

Profitez bien de ces pensées pendant quelques minutes, puis dites-vous en silence : « *Je suis complètement détendu et libéré de tout stress.* » Répétez ces paroles à plusieurs reprises. Pendant que vous faites cela, vous remarquerez que vous êtes de plus en plus détendu.

Quand vous sentirez que vous êtes totalement détendu, vous pourrez passer à la prochaine étape.

Deuxième étape : prendre conscience du corps

Prenez conscience de votre corps. À l'aide de votre œil mental, voyez-vous assis ou allongé dans votre chambre. Entourez votre corps d'un cercle de protection. Imaginez un cône de lumière blanc pur descendant du plafond et entourant votre corps physique. Au même moment, rappelez-vous que vous êtes protégé et en sécurité.

Profitez de ces sensations pendant une minute ou deux. Ensuite, quand vous vous sentirez prêt, pensez à votre peur ou à votre phobie. Ressentez-la dans votre corps physique. Une sensation de lourdeur, d'inconfort ou de malaise pourrait se manifester dans une partie de votre corps. Ce pourrait être un serrement dans la poitrine, le souffle court ou un mal de tête. Habituellement, la partie affectée sera reliée à votre phobie. Par exemple, si vous avez peur du feu, cette sensation pourrait se manifester par un resserrement des narines et de la gorge.

Laissez la sensation qui envahit votre corps prendre forme et grandir. Donnez-lui une couleur. Quand cette couleur sera claire dans votre esprit, donnez-lui une forme ; n'importe quelle forme qui vous convient. La plupart des gens choisissent un cercle, un carré ou un triangle, mais vous n'avez pas à vous conformer à cela. Choisissez une forme qui reflète la douleur et l'inconfort. Notez que vous pouvez faire en sorte que cette forme grossisse ou rapetisse. Pendant qu'elle grossit, la sensation d'inconfort dans votre corps grandit aussi. Si elle rapetisse, la sensation d'inconfort diminuera d'autant. Essayez d'en changer la taille constamment.

Finalement, réduisez sa taille de manière à ne plus ressentir qu'une légère sensation d'inconfort.

Troisième étape : prendre conscience de l'esprit

Permettez à votre esprit de retrouver d'autres occasions où vous avez ressenti cet inconfort ou encore où vous étiez conscient de votre peur ou de votre phobie. Vous gérez toujours la forme et vous pouvez en réduire la taille, si certains de ces souvenirs deviennent trop douloureux.

Prenez votre temps à ce stade, et voyez à combien d'occasions vous pouvez vous souvenir d'avoir été affecté par votre peur ou votre phobie, dans le passé.

Quatrième étape : revenir dans les vies précédentes

Prenez une profonde inspiration, puis expirez lentement. Vous allez maintenant grossir la forme, ce qui augmentera les sensations d'inconfort dans votre corps. Laissez la forme grossir autant que cela est supportable, puis retournez à la toute première fois où cette sensation vous a submergé.

Cela pourrait vous prendre plusieurs secondes pour localiser l'expérience clé. Quand vous y serez, laissez la forme rapetisser de plus en plus, jusqu'à ce qu'elle finisse par disparaître.

Vous vous retrouverez maintenant dans une vie antérieure. Regardez autour de vous, et voyez où vous êtes et ce qui s'y passe. Rappelez-vous que vous êtes toujours entouré par un anneau de protection, et que rien ne peut vous faire de mal.

Observez la scène qui se déroule devant vos yeux, et voyez quels indices elle vous fournit, relativement à vos peurs ou à vos phobies. Si elle vous fournit tous les renseignements dont vous aviez besoin, vous pouvez la laisser s'estomper, confiant qu'elle n'aura plus aucun effet sur vous.

Si vous pressentez que cette scène ne vous fournit pas toutes les réponses dont vous avez besoin, laissez la forme grossir de nouveau. Prenez une profonde inspiration et, tandis que vous expirez, demandez à revivre une autre expérience clé, en lien avec votre phobie ou votre peur. Vous pouvez répéter l'exercice autant de fois que vous le souhaitez.

Normalement, les gens utilisent cette méthode de retour dans les vies antérieures pour éliminer un élément qui les empêche d'avancer dans leur vie actuelle. Mais une fois que vous avez régressé jusque dans une autre existence et résolu le problème, rien ne vous empêche de continuer et d'explorer cette existence plus en profondeur. Je pourrais vous en dire long là-dessus. Une connaissance accrue du passé vous aidera à comprendre comment le problème s'est présenté la première fois, et vous aidera à vous en débarrasser.

Cinquième étape : revenir au présent

Quand vous aurez exploré cette existence, vous pourrez revenir au présent à tout moment, en comptant de un à cinq. N'ouvrez pas les yeux immédiatement. Pensez à ce que vous avez appris et complétez cette régression. Comprenez que conséquemment à cela, votre vie sera plus facile, plus heureuse et plus épanouie qu'elle ne l'était, car vous aurez éliminé ce qui vous empêchait d'avancer.

Prenez conscience de l'anneau de protection qui vous entoure. Dites merci pour tout ce que vous avez réalisé, et ouvrez les yeux.

L'expérience de Jeanette

Jeanette a 18 ans et est adjointe administrative. Elle compte poursuivre des études universitaires, mais pour le moment, elle n'a aucune idée de ce qu'elle veut faire dans la vie. Toute sa vie, elle a eu peur de rencontrer des étrangers. Cela lui cause un serrement dans la poitrine ; elle a du mal à respirer, elle rougit et se sent embarrassée. Elle a également de la difficulté à regarder les gens dans les yeux. Toute sa vie, elle a eu du mal à faire de nouvelles rencontres, mais au cours des dernières années, le problème a empiré. Elle a suivi un cours de confiance en soi, ce qui l'a aidée temporairement, puis elle est venue me voir à l'insistance de sa mère. Je m'attendais presque à ce qu'elle ne se présente pas à notre rendez-vous, puisque j'étais moi-même un étranger, mais elle est arrivée quelques minutes à l'avance, avec un petit rictus nerveux au visage.

Elle n'a eu aucun mal à imaginer les sensations dans son corps. Elle ressentait la tension dans sa poitrine et rougissait. Elle décrivait cette sensation comme étant blanche et ayant la forme d'une amande. Jeanette était douée pour la visualisation ; elle n'avait aucune difficulté à faire grossir et rapetisser l'amande à volonté.

Quand je lui ai demandé de se remémorer la toute première fois où elle avait ressenti cela, elle est retournée dans une vie antérieure aux conditions primitives. Elle vivait avec sa famille aux confins d'un désert ; ils luttaient sans cesse pour leur survie. Le jour, il faisait extrêmement chaud, et la nuit, la température descendait jusqu'à zéro. Ils se blottissaient les uns contre les autres pour se réchauffer.

Un jour, son père leur a annoncé qu'une bande d'hommes traversaient le désert sur leurs montures et approchaient d'eux. Jeanette avait environ six ans à ce moment-là, et elle était restée auprès de son père, à la porte de leur hutte, pour les voir arriver. Ils étaient une vingtaine d'hommes, tous à dos de chameaux. Le chef du groupe avait demandé au père de Jeanette de leur donner de la nourriture et de l'eau. Son père était accueillant et leur avait offert une petite quantité d'eau. Cependant, leur avait-il expliqué, il n'avait rien à leur donner à manger.

Le chef de la bande était furieux. Il avait pointé du doigt les trois chèvres maigrichonnes qui appartenaient à la famille et avait exigé qu'on en tue une pour lui et ses hommes. Quand le père de Jeanette avait refusé, l'homme était descendu de son chameau et lui avait planté son poignard dans le cœur. Les hommes avaient pris les trois chèvres et étaient repartis. Jeanette était à genoux à côté de son père quand sa mère, enceinte de plusieurs mois, et les trois autres enfants, étaient sortis de la hutte.

Personne n'avait pleuré. Instinctivement, Jeanette savait qu'ils allaient tous mourir, puisqu'ils avaient perdu, en l'espace de quelques minutes, le pourvoyeur de la famille et leur unique richesse. Les enfants étaient trop jeunes pour enterrer leur père. Ils l'avaient tiré à l'écart, dans le désert, et l'avaient abandonné. Puis, ils étaient retournés chez eux pour attendre la mort. Cela n'avait pas été très long.

Jeanette avait raconté l'histoire sur un ton hésitant et monotone. En relatant la partie où elle expliquait qu'ils avaient été incapables d'enterrer leur père, elle a éclaté en sanglots et a pleuré pendant de longues minutes.

Quand je lui ai demandé si cette triste histoire avait quelque chose à voir avec sa peur des étrangers, elle a fait signe que oui.

« Es-tu capable de lâcher prise maintenant ? lui ai-je demandé. Te rends-tu compte que la majorité des gens sont bons ? »

« C'est fini, dit-elle en hochant la tête. Je l'ai laissée partir. »

Jeanette paraissait complètement différente quand elle est revenue au présent. Elle était plus vivante et énergique et elle était capable de soutenir mon regard.

Quelques jours plus tard, sa mère m'a téléphoné pour me remercier d'avoir transformé la vie de sa fille.

« C'est comme si elle recommençait sa vie à neuf, a-t-elle dit. Elle n'arrête plus de parler et de rire. Il y a même un garçon qui lui a téléphoné hier soir. Cela n'était jamais arrivé avant. »

15

Avec l'aide de vos guides

L'âme humaine est comme l'eau ;
Elle vient du ciel
Elle retourne au ciel
Puis elle retourne à la terre...

Johann Wolfgang Von Goethe (1749-1832)

Nous avons tous des aides invisibles, prêts à nous prodiguer aide et conseils chaque fois que nous en avons besoin. Ce sont nos anges gardiens et nos guides spirituels. Les guides spirituels sont des gens qui sont morts et qui s'en sont allés. Toutefois, ce qui se passe dans cette vie les intéresse toujours, et ils sont disposés à apporter leur aide quand la personne dont ils s'occupent en fait la demande. Habituellement, les guides spirituels sont des parents disparus, mais ce n'est pas toujours le cas. Ce peut être quiconque s'intéresse tout particulièrement à votre bien-être et à votre bonheur. Vous n'êtes pas limité à un seul guide spirituel. Aussi, vos guides sont-ils prêts à vous aider à découvrir vos vies antérieures ; ils iront même jusqu'à vous guider à travers tout le processus, si vous le souhaitez.

Peut-être avez-vous l'impression d'avoir un seul guide spirituel, mais dans la pratique, ils sont nombreux à veiller sur vous. Le guide qui convient à votre besoin actuel sera disposé à vous aider à n'importe quel moment.

Dans des circonstances normales, il y a peu de chances que vous voyiez votre guide de vos yeux ou que vous l'entendiez de vos oreilles. Les guides communiquent par télépathie, et il faut du temps et de l'entraînement pour devenir réceptif aux messages qu'ils vous envoient. Très souvent, leurs messages vous apparaîtront simplement comme des pensées, jusqu'à ce que vous vous arrêtiez pour y réfléchir. Comme cela est difficile pour la plupart des gens, divers outils, telles la planche de Ouija et l'écriture automatique, ont été inventés pour faciliter la communication avec vos guides.

L'écriture automatique

L'écriture automatique a connu la popularité au XIXe siècle, lorsque les spirites l'ont utilisée pour communiquer avec l'Au-delà. On peut toutefois s'en servir pour un tas de choses. Par exemple, bon nombre de livres ont été rédigés en écriture automatique. Un des meilleurs exemples est *Private Dowding*, de W.T. Poole, qui a été un succès de librairie en 1918. Ce livre relatait les expériences de Thomas Dowding, un jeune titulaire anglais qui avait été tué par un éclat d'obus, en France. Son livre a réconforté de nombreux parents qui avaient perdu leur fils durant la guerre.

Fait intéressant, Harriett Beecher Stowe, la célèbre auteure de *La case de l'oncle Tom*, a dit : « Je ne l'ai pas écrit : il m'a été donné ; il défilait devant moi[1]. » Et William Blake, dans la préface à son fameux poème « Jérusalem », a écrit que ce poème lui avait été dicté. T.P. James a utilisé l'écriture automatique pour terminer *The Mystery of Edwin Drood*, resté inachevé à la mort de Dickens. Et toutes les œuvres de Patience Worth ont été communiquées par la planche Ouija ou par l'écriture automatique[2].

L'écriture automatique est un phénomène naturel auquel tout le monde peut se prêter. Toutefois, cela exige de l'entraînement. La plupart des gens produisent des formes et des lettres indéchiffrables lorsqu'ils commencent à s'adonner à l'écriture automatique. Mais, avec de la répétition, leur écriture devient de plus en plus lisible.

Tout ce que vous avez à faire est de vous asseoir confortablement avec un bloc-notes et un crayon ou un stylo. Votre coude devrait former un angle de 90 degrés. Tenez l'outil d'écriture dans votre main sans le serrer, la pointe posée sur la feuille de papier, et attendez qu'il commence à se mouvoir. Restez assis tranquillement et voyez ce qui se produit. Vous obtiendrez de meilleurs résultats si vous pensez à autre chose et que vous laissez le crayon aller à son gré.

Au bout d'un moment, la main qui tient le crayon commencera à bouger. N'y faites pas attention. L'écriture automatique est une écriture inconsciente, et cet élément inconscient vital sera perdu, si vous portez attention à ce qui s'écrit.

Si vous êtes chanceux, vous allez tracer des mots et des phrases immédiatement. La plupart des gens commencent par dessiner des formes, tels des cercles et des ellipses. Vous pourriez produire quelques mots d'écriture en miroir. Peu importe ce que cela donne au début. Exercez-vous régulièrement, et votre aptitude se développera. Vous serez étonné de ce que vous produirez. Vous découvrirez également que vous pouvez écrire de cette manière pendant des heures, sans jamais ressentir la fatigue. C'est réellement de l'écriture automatique.

Vous vous rendrez peut-être compte que vous obtenez de meilleurs résultats en tenant le crayon dans la main dont vous n'avez pas l'habitude de vous servir pour écrire. Cela ne fonctionne pas pour moi, mais j'en connais plusieurs qui font toute leur écriture automatique de cette manière.

Quand vous vous serez familiarisé avec le procédé, vous pourrez utiliser l'écriture automatique pour explorer vos vies antérieures. Pendant que vous êtes assis en attendant que l'écriture démarre, pensez à votre désir de retourner dans une de vos vies antérieures. Vous pouvez penser à une vie en particulier, si vous le souhaitez, ou laisser cela au hasard.

Je préfère utiliser l'écriture automatique pour retourner dans des vies antérieures précises qui ont un lien avec les problèmes ou les difficultés de ma vie actuelle. Pour cela, toujours en attendant que le crayon se mette à bouger, pensez à quelque chose qui vous empêche d'avancer ou qui entrave votre progrès dans votre vie actuelle.

Il y a quelques années, une de mes étudiantes est restée après la classe pour me dire qu'elle avait développé une phobie pour les églises. Monica était quelqu'un de timide et de réservé ; pendant qu'elle me confiait son problème, elle jouait continuellement avec son sac à main. Chaque fois qu'elle allait à l'église, elle devenait de plus en plus anxieuse. Elle pensait avoir trouvé une solution en s'assoyant à l'arrière de l'église, près de la porte. Cela calmait sa tension, sans toutefois l'éliminer. Monica était une jeune femme religieuse qui aimait assister aux offices, et elle était frustrée de ne plus être capable d'aller à l'église. J'ai découvert qu'elle avait aussi cessé d'aller au cinéma et partout où des groupes de gens étaient rassemblés. Cela me semblait étrange qu'elle puisse assister à mes cours, alors qu'elle ne pouvait pas aller voir un film. Monica m'a expliqué qu'elle était venue à mes cours uniquement parce que sa voisine de palier voulait venir et lui avait dit que je pourrais sans doute l'aider à résoudre ce problème.

J'ai d'abord pensé à procéder à une régression hypnotique, mais je me suis rappelé qu'elle était très douée pour l'écriture automatique. Je lui ai suggéré d'utiliser cette méthode pour retourner jusqu'à l'événement qui avait pu se produire dans le passé, et qui était la cause de ce problème. La semaine suivante, Monica est revenue avec la réponse.

La première fois qu'elle avait essayé l'écriture automatique pour trouver la cause de son problème, elle était tellement tendue que cela n'avait pas fonctionné. Aussi, le soir suivant, avait-elle avalé deux gin-tonics avant de commencer. Ce n'est pas une pratique que j'aurais recommandée, mais cela a permis à Monica de se détendre suffisamment pour que le procédé fonctionne. Les premiers jours, son écriture n'avait ni queue ni tête, mais elle a persévéré et a fini par produire un message très fort.

Le crayon avait écrit : « Très fatiguée. Pas de solution au problème. Marcus continue de me maltraiter, nuit et jour. Pas de violence physique, mais pas loin. Sans cesse, de la cruauté mentale. Le soir, je vais chez Ranold. Marcus me l'interdit, mais j'y vais quand même. Dans une petite salle, 20 personnes sont là. Ranold récite des prières, puis nous chantons John Wesley. Fumée. Fumée et vapeurs. La maison est en feu, et nous courons vers la sortie, mais la porte ne veut pas ouvrir. Elle est bloquée de l'extérieur. Nous courons dans toute la maison. Je tombe. Je ne peux plus respirer. Quelqu'un me tire. Trop tard. Je suis en paix. » (C'était écrit en une longue phrase ininterrompue. J'y ai mis la ponctuation, mais je n'ai pas changé un seul mot.)

Monica avait assisté à un service religieux quelques jours après avoir écrit ce message. En entrant dans l'église, elle avait ressenti une légère nervosité, mais elle avait été capable de s'asseoir au centre et d'écouter l'office. En sortant, elle se sentait mieux qu'elle ne s'était sentie depuis des années.

Monica n'avait aucune envie d'explorer cette vie antérieure plus en profondeur.

« J'ignore qui était Marcus, et cela m'importe peu, m'a-t-elle affirmé. Je préfère ne pas savoir qui il était. »

La régression à l'aide du guide spirituel

Voici une technique de relaxation progressive qui permet à votre guide spirituel de vous accompagner dans un examen de vos vies antérieures. C'est la méthode favorite d'un grand nombre de mes étudiants, car elle leur permet, en cours de régression, de voir, puis de connaître, un de leurs guides spirituels.

Comme d'habitude, installez-vous confortablement dans une pièce bien chauffée et veillez à ne pas être dérangé.

Première étape : relaxer

Prenez plusieurs profondes inspirations, puis expirez lentement. Détendez tous vos muscles, en commençant par les orteils et en remontant graduellement jusqu'au sommet de votre tête. Quand vous vous sentirez totalement détendu, scrutez mentalement votre corps pour y déceler le moindre recoin où il reste quelque tension. Détendez ces parties, puis scrutez votre corps de nouveau. Quand vous vous sentirez complètement détendu, passez à l'étape deux.

Deuxième étape : rencontrer son guide

Visualisez-vous en haut d'un bel escalier. J'imagine le magnifique escalier en marbre que j'ai descendu il y a plusieurs années dans un château en France. Votre escalier peut être réel ou imaginaire. Cela ne fait aucune différence, du moment qu'il est beau et qu'il comporte 10 marches. Vous vous sentez excité, car vous savez que votre guide spirituel est en bas des marches et qu'il vous attend pour vous escorter jusqu'à une vie antérieure.

Posez une main sur la rampe et, lentement, descendez les marches, en vous disant en vous-même : « *Dix, détends-toi... Neuf, détends-toi... Huit, détends-toi...* » et ainsi de suite, jusqu'en bas.

Vous êtes conscient que vous n'avez pas encore rencontré votre guide spirituel, mais au moment où vous mettez le pied sur le plancher de la plus splendide pièce que vous n'avez jamais vue, vous le voyez (homme ou femme) venir à votre rencontre en vous souriant amicalement. Vous avez l'impression d'avoir connu votre guide spirituel toute votre vie et, heureux, vous vous avancez pour l'étreindre. Il vous indique alors un sofa confortable. Vous vous assoyez tous les deux et discutez de votre désir de retourner dans vos vies antérieures.

Troisième étape : remonter dans le temps

Votre guide spirituel vous écoute avec le sourire. De temps à autre, il fait un signe de tête. Une fois que vous lui avez dit quelle vie vous aimeriez retrouver, il vous indique les portes qui mènent hors de la pièce. Chacune de ces portes, vous dit-il, vous mènera dans une de vos vies antérieures. Cependant, une seule vous mènera à cette incarnation particulière que vous désirez explorer.

Votre guide spirituel se lève et vous indique une porte sur le mur du fond. Il vous demande si vous êtes prêt à procéder. Il sourit à votre réponse positive et ouvre la porte.

Il est impossible d'apercevoir ce que cache cette porte, car tout est dissimulé derrière un épais brouillard. Votre guide vous prend par la main et entre dans la pièce en toute confiance. Vous entendez la porte se refermer derrière vous.

Vous suivez votre guide et vous vous enfoncez dans le brouillard. Il s'arrête et vous demande d'écouter. Vous entendez de faibles sons que vous êtes incapable de reconnaître au début. Pendant que vous tentez de les distinguer, le brouillard se lève peu à peu et vous pouvez voir autour de vous.

Quatrième étape : explorer les vies antérieures

Quand vous vous serez familiarisé avec la scène, vous pourrez explorer cette vie antérieure autant que vous le souhaitez. Tout ce que vous avez à faire, c'est de demander à votre guide spirituel ce que vous voulez voir, et cela apparaîtra instantanément. Par exemple, si vous voulez voir votre partenaire dans cette vie passée, demandez à votre guide de vous mener jusqu'à une scène où vous êtes tous les deux, et vous y serez sur-le-champ.

De même, quand vous serez prêt à revenir au présent, dites à votre guide spirituel que vous en avez assez vu et, instantanément, vous vous retrouverez dans la pièce splendide où vous l'avez rencontré la première fois.

Cinquième étape : retrouver la pleine conscience

Peu à peu, prenez conscience de la pièce et comprenez que vous êtes de retour au présent. Remerciez votre guide spirituel pour son aide et son soutien, et remontez lentement les marches, en comptant de 1 à 10. Quand vous vous sentirez prêt, ouvrez les yeux, étirez-vous et levez-vous.

L'expérience d'Hillary

« Je me suis toujours sentie un peu nerveuse à l'idée d'explorer mes vies antérieures », m'a dit Hillary. Elle est une femme pleine de vivacité, dans la mi-trentaine. Comme elle semble avoir extrêmement confiance en elle, j'étais surpris de l'entendre parler de nervosité. « C'est pourquoi j'étais excitée d'apprendre que je pouvais le faire avec l'aide de mon guide spirituel. Je l'avais déjà contacté, alors c'était tout à fait sensé de faire un retour dans le temps en sa compagnie. »

Hillary est retournée dans une vie antérieure à l'époque médiévale. « Cela devait être un couvent, a-t-elle dit. C'était grand, – immense en fait – et nous, religieuses, menions des vies actives, priant, étudiant et travaillant. C'était une vie satisfaisante. Le plus difficile était de se lever au milieu de la nuit pour les matines et les laudes. Nous dormions environ huit heures par nuit, à condition de nous mettre au lit à 20 h, mais la nuit était entrecoupée par le service de 2 h. »

« Y a-t-il eu, dans cette vie, des incidents marquants ? »

« Oui, quelques-uns, en fait, a répondu Hillary en hochant la tête. Dont un vraiment étonnant. Environ une fois l'an, l'évêque venait voir comment nous nous en sortions. C'était compréhensible, mais ce que je n'aimais pas, c'était sa façon d'inciter les religieuses à cancaner à propos des autres. Il nous rencontrait toutes, une à la fois. Il nous posait des questions, pendant que son assistant notait toutes nos réponses. L'assistant avait une expression de stupéfaction sur son visage, en permanence. » Hillary avait fermé les yeux pour voir la scène plus clairement. « Je n'aimais pas cela, alors je n'ai jamais rien dit. Il y avait des choses que j'aurais pu dire, peut-être même que j'aurais dû les dire, mais cela me semblait mal de raconter des histoires sur les personnes avec qui je passais chaque minute de ma vie. »

« Est-ce que les autres racontaient des histoires ? »

« Si elles racontaient des histoires ! s'est exclamée Hillary en riant. Elles allaient même jusqu'à en inventer sur les personnes qu'elles n'aimaient pas. Certaines se plaignaient de tout le monde. »

« Pas ce à quoi vous vous seriez attendue d'un groupe de religieuses. »

« Nous étions humaines. Certaines avaient la vocation, d'autres ne l'avaient pas. » Hillary a eu un long soupir. « Il devait y avoir de nombreux karmas rassemblés en ce lieu ! De toute façon, je pense que de ne rien dire m'a aidée au bout du compte, car je suis devenue prieure. »

« Est-ce que vous aimiez cela ? »

Hillary a pris le temps de réfléchir à la question.

« Oui et non. J'avais mes propres appartements et une religieuse pour m'aider. C'était étrange d'avoir un peu d'intimité. Et puis, je sortais beaucoup. Soudain, je gérais une affaire. Je devais superviser les propriétés et vérifier que personne ne nous volait. C'était un dur labeur, en particulier quand venait le temps de vendre la laine, mais certaines religieuses m'en voulaient pour mes nombreuses sorties. Je savais qu'elles racontaient tout à l'évêque quand il venait nous voir ! »

« Vous le croyez ? »

« Je le sais, a dit Hillary dans un grognement. Chaque année, l'évêque m'interrogeait, comme toutes les autres. Je savais ce qui se passait : qui m'aimait et qui ne m'aimait pas. Certaines désapprouvaient le fait que j'étais prieure et passaient leur temps à essayer de me dénigrer et de saper mon autorité. Je n'arrivais jamais à me détendre complètement. Je ne le peux toujours pas, en fait. »

« Est-ce un problème hérité de cette vie antérieure ? »

« Peut-être. Je n'en suis pas sûre. Ce que je sais, c'est que je ne me suis jamais sentie capable de faire confiance aux gens. Peu importe ce que les gens disent ou font, je me demande toujours s'ils ont une autre motivation derrière la tête. Cela vient sans aucun doute de ma vie au couvent. »

« Étiez-vous vieille à votre mort ? »

« Très vieille, je crois. J'étais toujours prieure. En fait, j'ai survécu à toutes celles qui avaient parlé contre moi. Je crois qu'à la fin, on me respectait. Peut-être même qu'on avait un peu d'estime pour moi. Mais je suis certaine qu'on ne m'aimait pas. »

« Pourquoi cela ? »

« Parce que durant toute cette vie, j'ai eu l'impression qu'il manquait quelque chose d'important. J'avais trois sœurs et j'allais les voir ; je vivais la vie de famille pendant quelques jours. Je leur enviais leur maison, leur mari et leurs enfants. J'étais la cadette de la famille. C'était pour cette raison que j'étais devenue religieuse. Mes sœurs venaient elles aussi au couvent et restaient avec moi. C'étaient les meilleurs moments. J'aimais cela. J'étais heureuse dans ces moments-là. Le reste du temps, je me sentais isolée, seule. Sans amour. »

Hillary s'était retournée pour sécher ses larmes. « Exactement comme dans ma vie actuelle. »

J'ai attendu qu'elle ait repris contenance.

« Allez-vous changer quelque chose dans votre vie, à la suite de cette régression ? »

« Je vais tout changer ! » a répondu Hillary en redressant les épaules et en me regardant droit dans les yeux.

La participation des guides spirituels dans la régression

Dans mon livre *Guides spirituels et anges gardiens*, j'ai raconté l'histoire d'une de mes clientes qui avait un problème de poids. Durant une régression sous hypnose, elle est spontanément retournée dans une vie antérieure où elle a rencontré son guide spirituel. Elle était un homme, et sa femme durant cette vie antérieure était sa guide spirituelle dans sa vie actuelle[3]. De nombreuses personnes ont connu des occurrences semblables.

Comme il arrive souvent que les guides spirituels soient des parents disparus, il n'est pas étonnant qu'ils apparaissent dans les vies antérieures de tant de gens. Tous ceux que je connais, qui en ont fait l'expérience, ont tenu pour acquise la présence de leur guide spirituel. Ils ont trouvé que c'était une expérience hautement positive de pouvoir voir leurs guides spirituels de cette manière. C'était habituellement la première fois que ces gens voyaient leur guide spirituel, et ils ont trouvé l'expérience réconfortante et utile. En fait, l'apparition et la reconnaissance d'un guide spirituel sont normalement l'aspect le plus important de la régression, peu importe à quel point le reste des souvenirs est excitant.

Malheureusement, on ne peut garantir que vous régresserez dans une vie antérieure et entrerez en contact avec votre guide spirituel. Certaines personnes ont voulu suggérer, avant la régression, qu'elles retourneraient dans une vie antérieure où leur guide spirituel serait présent. Hélas, les résultats n'ont pas été concluants. Tout ce que vous pouvez faire est de rester vigilant, au cas où cela se produirait. Vous n'aurez aucun problème à reconnaître votre guide spirituel. Tous ceux à qui c'est arrivé m'ont dit que la reconnaissance avait été instantanée, et souvent irrépressible.

Même s'il se peut que vous ne rencontriez pas votre guide spirituel dans le cours d'une régression normale, vous pouvez toujours demander à votre guide spirituel de vous accompagner chaque fois que vous en avez envie.

Postface

Je retournerai vers toi,
Terre chérie
Ma mère !
Moi qui t'ai aimée avec une joie infinie,
Découverte inépuisable, nouveauté diurne...
Je pars à présent...
Je tâtonnerai encore à l'aveuglette et attendrai
Jusqu'à ce que la vraie porte s'ouvre, que la vraie voix m'appelle de nouveau ;
Et que, de retour dans le haut domaine humain,
De retour à l'entièreté de l'âme, renaissante,
Ô Terre ! Ô Terre chérie ! Je retournerai,
Je retournerai vers toi, Terre, ma mère.

Margaret L. Woods (1856-1945)

Lorsque vous acceptez le concept de la réincarnation, vous avez la chance de transformer votre vie. Quelques-uns prétendent que si vous acceptez la réincarnation et le karma, vous n'avez plus besoin de faire d'efforts et vous pouvez accepter la vie telle qu'elle est. Bien sûr, c'est tout le contraire. Vous avez beaucoup plus de chances de mener une vie bonne et productive si vous acceptez la réincarnation, car vous saurez que le karma – bon ou mauvais – recevra sa juste compensation. Cela veut dire que vous serez totalement responsable de vos actes et de la manière dont vous menez votre vie. Vos relations s'amélioreront, car vous ferez preuve de plus d'attentions et de sympathie envers autrui. En prenant conscience de vos propres actions, vous risquerez moins de vous montrer malicieux, malhonnête ou malveillant. Shaw Desmond a expliqué cela succinctement quand il a écrit : « Le fait de savoir que si vous faites du mal à une femme dans cette vie, vous devrez assurément lui rendre des comptes dans une autre vie, cela vous oblige à réfléchir[1] ! »

Dès que vous aurez dévoilé les bancs de souvenirs de vos précédentes incarnations, vous serez également plus aimable envers vous-même. Vous comprendrez que vous êtes ce que vous êtes en raison de tout ce que vous avez fait dans le passé. Autrement dit, vous avez mérité la position que vous occupez en ce moment dans la vie. Et le genre d'avenir que vous désirez pour vous-même dépend de vos propres pensées et actions dans votre vie actuelle.

Vous apprendrez que chaque instant de vie a une valeur. Rien n'est perdu. Vos moments de tristesse sont tout aussi importants, dans le cours des choses, que vos moments de bonheur suprême et de totale satisfaction. Tout contribue à votre progrès et à votre développement.

Le fait de connaître vos vies antérieures vous aide à savoir quelles sont les leçons sur lesquelles vous devez vous focaliser dans votre incarnation actuelle. Cela révèle aussi vos forces. La plupart des gens ont tendance à se sous-estimer. Le fait de découvrir comment ils se sont sortis de situations difficiles dans des vies antérieures a souvent pour effet d'augmenter leur estime de soi, tout en leur faisant comprendre qu'ils sont bien meilleurs qu'ils ne l'avaient cru jusque-là.

Pensez à vous amuser quand vous ferez vos recherches sur vos vies antérieures. Détendez-vous et amusez-vous. Vous n'obtiendrez pas de bons résultats si vous êtes inquiet, stressé, sceptique, déprimé ou épuisé. Vous aurez plus de succès quand vous vous sentirez positif, optimiste et l'esprit ouvert.

Soyez patient. Je sais que vous finirez par réussir. Certaines personnes retournent immédiatement dans leurs vies antérieures, alors que d'autres ont besoin de s'exercer pendant un bon moment. Il est normal de perdre courage et d'être déçu quand cela prend plus de temps que vous vous y attendiez pour obtenir des résultats. Dans notre monde où tout va trop vite, nous voulons tous obtenir des résultats rapidement. Malheureusement, c'est rarement le cas lorsqu'on fait une recherche sur ses vies antérieures. Si vous éprouvez des difficultés, prenez le temps de sortir et de faire une activité qui vous plaît, puis retournez dans vos vies antérieures quand vous vous sentirez détendu et heureux.

Je sais que vous en apprendrez beaucoup sur vous-même en examinant vos vies antérieures. J'espère que l'information contenue dans ce livre vous aidera à découvrir les leçons qu'il vous faut apprendre, et que ces leçons vous permettront de jouir d'un avenir heureux, épanouissant et rempli de succès.

Notes

Chapitre 1

1. STORY, *The Case for Rebirth*, 1.
2. IAMBLICHUS, *Life of Pythagoras*, 4.17. *La vie de Pythagore*, 4.17.
3. WALKER, *Masks of the Soul*, 32-33.
4. PLATON, *Laws*, 155. *Les lois*.
5. Les références à la réincarnation dans la Bible incluent Jb 1,8, Pr 8,22-31, Si 1,9-11, Ml 4,5, Mt 16,13-14, Mt 17,9-13, Mt 11,11-15, Mc 9,13, Rm 9,10-13, et Ap 3,12. On trouve aussi les Apocryphes dans les éditions de la Bible catholique romaine. Dans les Apocryphes, La Sagesse de Salomon, 8,19-20, nous avons lu : « J'étais, certes, un enfant bien né et j'avais

reçu une âme bonne ; ou plutôt, étant bon, j'étais venu dans un corps sans souillure. »

6. HEAD et Cranston, *Reincarnation*, 99. *Livre de la réincarnation*, Poche.
7. *Yalkut Re'uveni* (trad. de Fitzgerald), n°s 1, 8, 61, 63.
8. *Zohar* (trad. de Sperling et Simon), 2,99. *Le Zohar ou le livre de la splendeur*, Maisonneuve et Larose, 1985.
9. *The Koran* (trad. Rodwell), 2,28, 5,60, 71,17-18. *Le Coran.*
10. LANGLEY, *Edgar Cayce on Reincarnation*, 10. *Edgar Cayce et la réincarnation.*
11. WAMBACH, *Reliving Past Lives*, 125.
12. CURRIE, *You Cannot Die*, 292.
13. STEVENSON, *Where Reincarnation and Biology Intersect*, 1.
14. Mon compte rendu de la vie de Parmod puise à de nombreuses sources : Atreya, *Introduction to Parapsychology*, 116-21 ; Story, *The Case for Rebirth*, 25-31 ; Stevenson, *Twenty Cases Suggestive of Reincarnation*, 109-27 ; Stemman, *Reincarnation*, 82-83.
15. GERARD, *DNA Healing Techniques*, 17.
16. STEIGER, *You Will Live Again*, 33-48.

Chapitre 3

1. HUMPHREYS, *Karma and Rebirth*, 38.
2. Les citations proviennent de la version du roi Jacques. Les autres références au karma dans la Bible incluent : Gn 9,6 ; Dt 24,12 ; Jos 8,7 ; Jos 10,13 ; Ps 9,16 ; Ps 62,12 ; Pr 24,12 ; Jr 17,10 ; Jr 32,19 ; Ez, 18,20 ; Ez 18,30 ; Mt 5,18 ; Mt 7,1-2 ; Mt 7,12 ; Mt 7,17 ; Mt 16,27 ; Lc 16,17 ; Rm 2,6 ; Rm 2,9-13 ; Rm 14,12 ; 2 Co 5,10 ; 1 P 1,17 ; Ap 20,12 ; Ap 22,12.
3. FISHER, *The Case for Reincarnation*, 128-33. Voir aussi Whitton et Fisher, *Entre deux vies*, Un monde différent.
4. Emerson, *Lectures and Biographical Sketches*, 121.

5. Jung, *Memories, Dreams, Reflections*, 294. *Mémoires, rêves et réflexions.*

Chapitre 4

1. TART, préface dans *Control Your Dreams,* vii.
2. ARMITAGE, Rochlen et Finch, « Dream Recall and Major Depression » ; 8-14 ; cité dans Moss, *Conscious Dreaming*, 35.
3. *The New Encyclopaedia Britannica: Macropaedia, Knowledge in Depth*, 15e éd., s. v. « Dreams. »
4. L'information sur les rêves MOR provient de *Many Lifetimes*, de Grant et Kelsey.
5. LANGLEY, *Edgar Cayce on Reincarnation*, 75. *Edgar Cayce et la réincarnation.*
6. On trouve de nombreux livres sur le yoga des rêves. Parmi les meilleurs, il y a *Le yoga tibétain et les doctrines secrètes,* W. Y. Evans-Wentz, et *Dream Yoga and the Practice of Natural Light*, de Namkai Norbu.

Chapitre 9

1. FORD, Henry, « entrevue ».
2. WEATHERHEAD, *Life Begins at Death*, 72.
3. L'expérience de Viviane a paru dans de nombreuses publications. La source la plus accessible est *The Unknown Power*, de Guy Lyon Playfair.
4. STEMMAN, *Reincarnation*, 179.

Chapitre 10

1. WEBSTER, *Dowsing for Beginners, II.*
2. *Ibid.*, xiii.
3. MERMET, *Principles and Practice of Radiesthesia*, 207-8. *Comment j'opère pour découvrir les sources et tous autres objets cachés de près ou de loin*, Texier 1932.

Chapitre 12

1. DESMOND, *Reincarnation for Everyman*, 98-109.

Chapitre 13

1. MOSS et Keeton, *Encounters with the Past*, 16.
2. AVERROÈS, *On the Soul*,121. *La béatitude de l'âme.*
3. LANGLEY, *Edgar Cayce on Reincarnation*, 47. *Edgar Cayce et la réincarnation.*

Chapitre 15

1. FODOR, *Encyclopaedia of Psychic Science*, 22. *Encyclopédie des sciences psychiques.*
2. WEBSTER, *Spirit Guides and Angel Guardians*, 172-75. *Les guides spirituels et les anges gardiens.*
3. *Ibid.*, 273-77.

Postface

1. DESMOND, *Reincarnation for Everyman*, 39.

Bibliographie et suggestions de lectures

ALGEO, John. *Reincarnation Explored,* Wheaton, Ill, The Theosophical Publishing House, 1987.

ANDREWS, Ted. *How to Uncover Your Past Lives,* St Paul, Minn., Llewellyn Publications, 1992.

ARMITAGE, Roseanne, Aaron ROCHLEN et Thomas FINCH. « Dream Recall and Major Depression » ; 8-14. Article présenté à la 11e conférence de l'Association for the Study of Dreams, Leiden, Pays-Bas, 1994; cité dans Robert Moss, *Conscious Dreaming,* New York, Crown Trade Paperbacks, 1996, 35.

ATREYA, B. L. *Introduction to Parapsychology,* Benarès, Inde, The International Standard Publications, 1957.

AUERBACH, Loyd. *Psychic Dreaming,* New York, Warner Books, Inc., 1991.

AUERBACH, Loyd. *Reincarnation, Channeling and Possession*, New York, Warner Books, Inc., 1993.

AVERROÈS. *La béatitude de l'âme*, trad. de W. Emmanuel,1822.

BERNSTEIN, Morey. *À la recherche de Bridey Murphy*, Poche. (Coll. L'aventure mystérieuse).

BILLING, Philip B. *My First Incarnation with the Maori People*, Te Kawhata, Nouvelle-Zélande, Mitaki Ra Publications, 1997.

BLYTHE, Henry. *The Three Lives of Naomi Henry*, London, Frederick Muller Limited, 1956.

BRENNAN, J. H. *La réincarnation*, Garancière, 1985.

CASTADENA, Carlos. *Le voyage à Ixtlan. Les leçons de Don Juan*, Folio, Essais, 1988.

CERMINARA, Gina. *De nombreuses vies, de nombreuses amours*, éd. Advar. (Collection Récits et témoignages).

COCKELL, Jenny. *Mes enfants d'une autre vie*, Poche, 1999. (Collection Aventure secrète).

COOPER, Irving S. *Reincarnation: The Hope of the World*, London, The Theosophical Publishing House, 1918.

COTT, Jonathan. *The Search for Omm Sety*, New York, Doubleday and Company, 1987.

CRANSTON, Sylvia, et Carey WILLIAMS. *Reincarnation: A New Horizon in Science, Religion and Society*, New York, Julian Press, 1984.

CURRIE, Ian. *You Cannot Die*, Roekport, Mass., Element Books, 1995.

DESMOND, Shaw. *Reincarnation for Everyman*, London, Rider and Company, 1950.

DOWDING, Lord Hugh. *Lychgate: The Entrance to the Path*, London, Rider and Company Limited, 1945.

EDWARS, Paul. *Reincarnation: A Critical Examination*, Amherst, N.Y., Prometheus Books, 1996.

EMERSON, Ralph Waldo. *Lectures and Biographical Sketches*, 1868, Réimpression, London, The Philosophical Learning Foundation, 1923.

FISHER, Joe. *The Case for Reincarnation*, Toronto, Somerville House Publishing, 1984.

FODOR, Nandor. *Encyclopaedia of Psychic Science*, New York, University Books, Inc., 1974.

FORD, Henry. Interview de George Sylvester Viereck, *San Francisco Examiner*, 26 août 1928.

GALLUP, George, avec William PROCTOR. *Adventures in Immortality*, New York, McGraw-Hill Book Company, 1982.

GATER, Dilys. *Past Lives: Case Histories of Previous Existence*, London, Robert Hale Limited, 1997.

GERARD, Robert V., Ph.D. *DNA Healing Techniques*, 3e éd., Coarsegold, Calif., Oughten House Foundation, Inc., 1999.

GOLDBERG, Bruce, Dr. *Past Lives, Future Lives*, North Hollywood, Calif., Newcastle Publishing Company, Inc., 1982.

GORDON, Henry. *Channeling into the New Age: The Teachings of Shirley MacLaine and Other Such Gurus*, Buffalo, N.Y., Prometheus Books, 1988.

GRANT, Joan. *Winged Pharaoh*, London, Arthur Baker Limited, 1937.

GRANT, Joan, et Denys KELSEY. *Many Lifetimes*, New York, Doubleday and Company, 1967.

GREEN, Celia. *Lucid Dreams*, London, Hamish Hamilton Limited,1968.

GUIRDHAM, Arthur. *The Cathars and Reincarnation*, London, Turnstone Press, 1970.

HARTLEY, Christine. *The Case for Reincarnation*, London, Robert Hale Limited, 1986.

HEAD, Joseph, et S. L. CRANSTON. *Reincarnation: An East-West Anthology*, Wheaton, Ill, The Theosophical Publishing House, 1968.

HUGHES, Thea Stanley. *Twentieth Century Question: Reincarnation*, Somerton, England, Movement Publications, 1979.

HANSON, V., R. STEWART et S. NICHOLSON. *Karma: Rhythmic Return to Harmony*, Wheaton, Ill., The Theosophical Publishing House, 1990.

HUMPHREYS, Christmas. *Karma and Rebirth*, London, John Murray Limited, 1943.

IAMBLICHUS. *La vie de Pythagore.*

IVERSON, Jeffrey. *More Lives Than One*, London, Souvenir Press, 1976.

JUNG, Carl. *Memories, Dreams, Reflections.* London, Collins and Routledge and KeganPaul, 1963.

KASON, Yvonne, et Teri DEGLER. *A Farther Shore*, Toronto, HarperCollins Publishers Ltd., 1994.

LANGLEY, Noël. *Edgar Cayce et la réincarnation*, Poche, 1997. (Collection. Aventure secrete).

LENZ, Frederick, Dr. *Lifetimes*, New York, Bobbs-Merrill Company, 1979.

LINN, Denise. *Past Lives, Present Dreams*, London, Judy Piatkus Publishers Limited, 1994.

LUNTZ, Charles E. *The Challenge of Reincarnation*, St. Louis, Mo., Charles E. Luntz Publications, 1957.

MACLAINE, Shirley. *Out of a Limb.* Londres, Elm Tree Books, 1983.

MCCLAIN, Florence Wagner. *A Practical Guide to Past Life Regression*, St. Paul, Minn., Llewellyn Publications, 1985.

MERMET, Abbé. *Principles and Practice of Radiesthesia*, trad. de Mark Clement, 1959, Réimpression, Longmead, Dorset, England, Element Books, 1987.

MOORE, Marcia. *Hypersentience*, New York, Crown Publishers, Inc.,1976.

MOSS, Peter, et Joe KEETON. *Encounters with the Past*, London, Sidgwick and Jackson Limited, 1979.

MUMFORD, Jonn, D[r]. *Karma Manual*, St. Paul, Minn., Llewellyn Publications, 1999.

NEWTON, Michael. *Journey of Souls*, St. Paul, Minn., Llewellyn Publications, 1994.

NORBU, Namkai. *Dream Yoga and the Practice of Natural Light*, Ithaca, N.Y., Snow Lion, Inc., 1992.

PERKINS, James S. *Experiencing Reincarnation*, Wheaton, Ill., The Theosophical Publishing House, 1977.

PLATON. *The Laws*, trad. de A.D. Lindsay, Londres, J.M. Dent and Sons Limited, 1912. Trad. : *Les Lois*.

PLAYFAIR, Guy Lyon. *The Unknown Power*, New York, Pocket Books, 1975.

POOLE, W. T. *Private Dowding*, London, Rider and Company, 1918.

ROGO, D. Scott. *Life After Death: The Case for Survival of Bodily Death*, Wellingborough, England, The Aquarian Press, 1986.

ROGO, D. Scott. *The Search for Yesterday: A Critical Examination of the Evidence for Reincarnation*, Englewood Cliffs, N.J., Prentice Hall and Company, 1985.

ROLFE, Mona. *The Spiral of Life: Cycles of Reincarnation*, 1975, Réimpression, Saffron Walden, England, The C. W. Daniel Company Limited, 1992.

ROSEN, Steven. *The Reincarnation Controversy*, Badger, Calif., Torchlight Publishing, Inc, 1997.

SAINT-DENYS, D'Hervey de, marquis. *Les rêves et les moyens de les diriger*, Paris, Amyot, 1867.

SARRIS, Arian. *Healing the Past.* St. Paul, Minn., Llewellyn Publications, 1997.

SCHOLEM, Gershom. *Le Zohar, ou le livre de la splendeur*,Maisonneuve et Larose, 1985.

SHARMA, I. C. *Cayce, Karma and Reincarnation*, Wheaton, Ill., The Theosophical Publishing House, 1982.

STEARN, Jess. *The Search for the Girl with the Blue Eyes*, Garden City, N.Y., Doubleday and Company, 1968.

STEIGER, Brad. *You Will Live Again*, Nevada City, Calif., Blue Dolphin Publishing, Inc, 1996.

STEINER, Rudolf. *Reincarnation and Immortality*, Blauvelt, N.Y., Multimedia Publishing Corporation, 1970.

STEMMAN, Roy. *Reincarnation: Amazing True Cases from Around the World*, London, Judy Piatkus Publishers Limited,1997.

STEVENSON, Ian, Dr. *Children Who Remember Previous Lives*, Charlottesville, Va., The University Press of Virginia, 1987.

STEVENSON, Ian, Dr. *Twenty Cases Suggestive of Reincarnation*, 2e éd., Charlottesville, Va., The University Press of Virginia, 1974.

STEVENSON, Ian, Dr. *Where Reincarnation and Biology Intersect*, Westport, Conn., Praeger Publishers, 1997.

STORY, Francis. *The Case for Rebirth*, Kandy, Sri Lanka, Buddhist Publication Society, 1959.

STREET, Noel. *The Man Who Can Look Backward*, New York, Samuel Weiser, Inc., 1969.

TART, Charles T., Dr. Préface dans *Control Your Dreams*, de Jayne Gackenbach, et Jane Bosveld. New York, Harper and Row Publishers, Inc., 1989.

VALLIÈRES, Ingrid. *Reincarnation Therapy*, trad. de Pat Campbell, Bath, England, Ashgrove Press, 1991.

VAN AUKEN, John. *Born Again and Again: How Reincarnation Occurs and What It Means to You*, Virginia Beach, Va., Inner Vision Publishing Company, 1984.

WALKER, Benjamin. *Masks of the Soul: The Facts Behind Reincarnation*, Wellingborough, England, The Aquarian Press, 1981.

WALKER, E. D. *Reincarnation: A Study of Forgotten Truth*, 1888, Réimpression, New Hyde Park, N.Y., University Books, Inc., 1965.

WAMBACH, Helen. *Reliving Past Lives: The Evidence Under Hypnosis*, New York, Harper and Row Publishers, Inc., 1978.

WATSON, Lyall. *The Romeo Error*, Garden City, N.Y., Anchor Press/Doubleday,1975.

WEATHERHEAD, Leslie D. *Life Begins at Death*, Nashville, Tenn., Abingdon Press, 1969.

WEBSTER, Richard. *Dowsing for Beginners*, St. Paul, Minn., Llewellyn Publications, 1996.

WEBSTER, Richard. *Numerology Magic*, St. Paul, Minn., Llewellyn Publications, 1995.

WEBSTER, Richard. *Spirit Guides and Angel Guardian*, St Paul, Minn., Llewellyn Publications, 1998. Trad. : *Les guides spirituels et les anges gardiens*, Éd. AdA, 2007.

WEISS, Brian L. *Many Lives, Many Masters*, New York, Simon and Schuster Inc., 1989.

WEISS, Brian L. *Only Love Is Real*, New York, Warner Books, Inc., 1996.

WHITTON, Joel L., et Joe FISHER. *Entre deux vies*, Un monde différent, Québec, 1989.

WILLIAMS, Loring G. « Reincarnation of a Civil War Victim. » *Fate* 19, (décembre 1966), 44-58.

WINKLER, E. Arthur, Dr. *Reincarnation and the Interim Between Lives*, Cottonwood, Ariz., Esoteric Publications, 1976.

Le yoga tibétain et les doctrines secrètes, ou les Sept livres de la Sagesse du Grand Sentier, trad. fr. de M. La Fuente, Evans- Wentz, W. Y., éd., 1997.

Yalkut Re'uveni, trad. de W. Fitzgerald, London, G. Wilberforce, 1837.

Le Zohar ou le livre de la splendeur, Maisonneuve et Larose, 1985.

À propos de l'auteur

Richard Webster est né en Nouvelle-Zélande en 1946 et y réside toujours. Chaque année, il parcourt le monde pour donner des conférences et animer des ateliers sur le paranormal. Il a écrit de nombreux livres, plus particulièrement sur les phénomènes paranormaux, ainsi que des rubriques dans une revue mensuelle. Richard est marié et père de trois enfants. Il a l'appui de toute sa famille, mais son fils aîné, après avoir observé la carrière de son père, a choisi de devenir comptable.

AdA
éditions

www.AdA-inc.com
info@AdA-inc.com

L'impression de cet ouvrage a permis
de sauvegarder l'équivalent de 14 arbres.